Mehari Yohannes Hailemariam

Um quadro para uma maior contribuição dos SMS para uma melhor educação

Mehari Yohannes Hailemariam

Um quadro para uma maior contribuição dos SMS para uma melhor educação

ScienciaScripts

Imprint

Any brand names and product names mentioned in this book are subject to trademark, brand or patent protection and are trademarks or registered trademarks of their respective holders. The use of brand names, product names, common names, trade names, product descriptions etc. even without a particular marking in this work is in no way to be construed to mean that such names may be regarded as unrestricted in respect of trademark and brand protection legislation and could thus be used by anyone.

Cover image: www.ingimage.com

This book is a translation from the original published under ISBN 978-613-9-91572-9.

Publisher:
Sciencia Scripts
is a trademark of
Dodo Books Indian Ocean Ltd. and OmniScriptum S.R.L publishing group

120 High Road, East Finchley, London, N2 9ED, United Kingdom
Str. Armeneasca 28/1, office 1, Chisinau MD-2012, Republic of Moldova, Europe
Printed at: see last page
ISBN: 978-620-5-62956-7

TABELA DE CONTEÚDOS

ABSTRACT

O objectivo deste estudo era inspeccionar o uso dos sítios de comunicação social pelos estudantes e as suas percepções sobre os efeitos do uso, no caso de instituições superiores seleccionadas da cidade de Mekelle. O estudo começou com as questões de investigação relativas a como, e porquê os estudantes utilizam os sítios de redes sociais, o efeito dos sítios de redes sociais, como os sítios de redes sociais podem ser utilizados como instrumento de aprendizagem académica. A fim de responder às questões de investigação especificadas, o investigador seleccionou propositadamente os estudantes que utilizam sítios de redes sociais e deu-lhes perguntas subjectivas e baseadas em opiniões para responder. A fim de realizar os objectivos declarados ou perguntas da investigação, foram recolhidos dados qualitativos e quantitativos de amostras de sítios de meios de comunicação social utilizadores da Universidade de Mekelle, Colégio Universitário de Sheba, Colégio de Tecnologias de Informação Microlink e Colégio Universitário do Novo Milénio. A recolha de dados foi conduzida utilizando questionário, entrevista e observação, e depois os dados foram analisados através de estatísticas descritivas, tais como, percentagem, tabulação cruzada, frequência, e teste de associação chi quadrado. Consequentemente, é proposto um quadro para o envolvimento dos estudantes em SMSs. Foi identificado que os estudantes utilizavam os sítios de redes sociais mais para entretenimento do que para fins educativos. O teste do qui-quadrado ($\chi2$) também mostra a existência de associação entre o tipo de sítios de redes sociais utilizados, o tempo gasto em sítios de redes sociais, e o tipo de informação partilhada pelos estudantes em sítios de redes sociais. No entanto, os estudantes têm uma atitude positiva em relação aos efeitos dos sítios de meios de comunicação social no seu desempenho académico. Finalmente, foi proposto um Quadro de Engajamento Estudantil em SMSs e o quadro ajudará o envolvimento dos estudantes em sítios de meios de comunicação social para fins educativos. Recomenda-se que os estudantes aprendam a gerir correctamente o seu tempo e a utilizar os sítios de redes sociais mais para uso académico do que para entretenimento. As instituições devem construir a sua própria conta em sítios de redes sociais para uso educativo, também os académicos, outros indivíduos interessados e a organização devem utilizar sítios de redes sociais para promover o processo ensino-aprendizagem.

Palavra-chave: *Sites de Meios de Comunicação Social, Estudantes, Instituições.*

RECONHECIMENTO

Antes de mais, os meus agradecimentos especiais vão para o Deus Todo-Poderoso pelo Seu perdão com a coragem e resistência de completar com sucesso este trabalho de pesquisa. Gostaria de agradecer à minha família: aos meus pais por me terem dado à luz em primeiro lugar e me terem apoiado espiritualmente ao longo da minha vida.

Gostaria de expressar a minha sincera gratidão ao meu conselheiro Dr. Sreeram Munisankaraiah pelo apoio contínuo ao meu estudo e investigação de mestrado, pela sua paciência, motivação, entusiasmo, e imenso conhecimento. A sua orientação ajudou-me em todo o tempo de pesquisa e escrita desta tese.

Para além do meu conselheiro, gostaria de agradecer ao meu co-conselheiro Sr. Destalem Nigusse pelo seu encorajamento, comentários perspicazes.

Os meus sinceros agradecimentos vão também para os meus amigos e pessoal da Universidade Mekelle que me ajudaram na minha tese e me conduziram a trabalhar em diversos projectos excitantes.

LISTA DE ABREVIATURAS

EiT-M	Ethiopian Institute of Technology- Mekelle
EthioTelecom	Ethiopian Telecommunication
FB	Facebook
ICT	Information Communication Technology
ISP	Internet Service Provider
MITC	Microlink IT College
MU	Mekelle University
SMS	Social Media Sites
SPSS	Statistical Package for the Social Sciences
SRS	Simple Random Sample

CAPÍTULO 1: INTRODUÇÃO

1.1.Antecedentes do Estudo

A Etiópia está a expandir radicalmente o seu sector de ensino superior: de duas universidades federais para 33 em pouco mais de uma década e outra para abrir em breve. O sistema de ensino superior etíope tem mostrado uma expansão notável nos últimos anos e prevê-se que o crescimento continue nos próximos anos [1].

Actualmente, a Tecnologia da Informação está a mudar muitos aspectos da nossa vida. A Internet desempenha um papel indispensável para levar o mundo a uma única aldeia e para aproximar as pessoas à distância de forma virtual. Estas facilidades permitem às pessoas do mundo criar redes sociais estando em qualquer lugar na presença da web.

Mekelle é a capital da Região de Tigray e a maior cidade do norte da Etiópia, tem uma população de 298.000 habitantes e tornou-se uma Cidade do Milénio em 2008. Mekelle está a tornar-se rapidamente um centro económico e educacional [2]. Mekelle tem uma universidade governamental e vários colégios privados. O estudo tentou investigar a utilização de SMS nas instituições superiores seleccionadas da cidade de Mekelle. São elas, Mekelle University, Microlink Information Technology College, Sheba University College e Millennium University College.

A Internet é uma parte muito importante da vida, desde as compras ao correio electrónico e à educação. É uma comunidade muito grande que utiliza a Internet para pura educação mas infelizmente, temos também um número muito grande de pessoas, incluindo a maioria dos jovens e adolescentes que utilizam a Internet apenas para meios de comunicação social.

Os sítios de comunicação social nascem da Internet, servem como meio de interacção social entre as pessoas e ajudam as pessoas na criação, partilha e troca de informações e ideias dentro de um ambiente virtual e de uma instalação virtual. Os sítios de meios de comunicação social estão a tornar-se muito populares entre os jovens adultos, especialmente os que frequentam faculdades e universidades. Recentemente, as pessoas estão a envolver-se em sítios de meios de comunicação social para diferentes fins", consomem muito tempo a carregar ou descarregar sítios de meios de comunicação social, obtendo informações relativas à sua carreira ou trabalho académico. As pessoas estão sempre em linha a cada segundo, conversando com amigos, vendo filmes em linha ou fazendo pesquisas. O sítio social tornou-se um hábito para algumas pessoas que têm dificuldade em estudar durante uma hora sem entrar num sítio da rede. Algumas pessoas tornaram-se muito inteligentes devido à informação que obtêm destes sítios, enquanto outras se tornaram muito pobres academicamente, uma vez que é fácil obter quase todos os materiais para trabalhos escolares através de SMS" [3].

Um recente inquérito realizado em 2012 pelo Pew Research Center's Internet and American Life Project mostra que os jovens adultos são mais propensos do que outros adultos a utilizar as redes sociais. O grupo etário dos 18-29 anos tem a maior participação nas redes sociais, seguido dos 30-49, e em menor grau dos que têm 50 anos ou mais [4].

Os meios de comunicação social são uma frase que lançamos muito nestes dias, muitas vezes para descrever o que publicamos em sites e aplicações como Facebook, Twitter, Instagram, Snapchat e outros. A parte "social": refere-se à interacção com outras pessoas através da partilha de informação com elas e da recepção de informação das mesmas. A parte "media": refere-se a um instrumento de comunicação, como a Internet (enquanto a televisão, a rádio e os jornais são exemplos de formas mais tradicionais de meios de comunicação social).

De acordo com Steininger et al. os serviços da Web 2.0 tornaram-se um dos tópicos mais discutidos na ciência e prática dos Sistemas de Informação. Em comparação com outras ferramentas da Web 2.0 e dos meios de comunicação social, os Sites de Meios de Comunicação Social são as tecnologias de mais rápido crescimento e mais populares [5].

A ascensão e ampla difusão da Internet e o rápido crescimento da utilização dos meios digitais pelos consumidores levaram as empresas ocupadas em diferentes sectores de actividade a pensar numa nova forma de comunicação com os clientes [6].

Embora os sítios de comunicação social tenham benefícios notáveis na construção social, económica e política, há um diálogo aqui e ali na Etiópia no que diz respeito ao efeito dos SMS no desempenho académico dos estudantes. A este respeito, Jibat (2012) revelou que as instituições educativas da Etiópia têm grande receio de que o desempenho académico dos estudantes possa afectar negativamente porque os estudantes estão a prestar mais atenção aos sítios de meios de comunicação social. Nos países desenvolvidos, esta área capta a atenção dos investigadores, mas em países em desenvolvimento como a Etiópia, é uma área inexplorada [7].

Portanto, o investigador quer identificar se a utilização de SMS por instituições superiores de estudantes da cidade de Mekelle da Etiópia afecta ou não o seu desempenho académico.

1.2. Declaração de problemas

A melhoria da divulgação da educação e a melhoria da abordagem pedagógica na Etiópia é inevitável. Isto deve-se ao facto de haver um grande crescimento das TIC e uma maior penetração da Internet no país. Os estudantes precisam dos meios sofisticados e mais fáceis de comunicar, criar, partilhar e colaborar nos seus conteúdos, informação e estudos.

O Ministério da Educação da Etiópia está a trabalhar arduamente para a melhoria das TIC no sector da educação. Está a realizar diferentes actividades para apoiar o ensino das instituições superiores com uma variedade de projectos TIC. O problema de investigação subjacente que iniciou esta investigação é o facto de que é a utilização de SMS nas instituições superiores da cidade de Mekelle. Os recentes desenvolvimentos tecnológicos, incluindo os smartphones, computadores portáteis e a Internet, reduziram as barreiras físicas à comunicação e obrigam as pessoas a comunicar através da rede global. Com base em www.whatissocialnetworking.com, os meios de comunicação social são o agrupamento de indivíduos em grupos específicos, como pequenas comunidades rurais ou uma subdivisão de bairro.

A comunicação social é o agrupamento de indivíduos em grupos específicos, como pequenas comunidades rurais ou uma subdivisão de bairro. Embora os meios de comunicação social sejam possíveis pessoalmente, especialmente no local de trabalho, universidades e escolas secundárias, são mais populares online.

Isto porque ao contrário da maioria das escolas secundárias, faculdades, ou locais de trabalho, a Internet está cheia de milhões de indivíduos que procuram conhecer outras pessoas, recolher e partilhar informações e experiências em primeira mão sobre cozinha, golfe, jardinagem, desenvolver alianças profissionais de amizade, encontrar emprego, marketing business-to-business e até mesmo grupos que partilham informações sobre cozer biscoitos para o movimento de sucesso. Os temas e interesses são tão variados e ricos como a história do nosso universo.

Harry confirmou que o projecto School Net realizado com a iniciativa conjunta do Ministério da Educação e do PNUD é provavelmente o projecto mais visível no país com um total de 181 escolas equipadas com um mínimo de 15 computadores em rede por laboratório, todos ligados à Internet. Além disso, a iniciativa Rede Escolar Nacional, por exemplo, visa a implantação e a exploração das TIC para facilitar o processo de ensino e aprendizagem nas escolas primárias, secundárias, técnicas e profissionais [8].

Este estudo determina os sítios de redes sociais como os estudantes das instituições superiores de Mekelle o utilizam e desviam-nos dos sítios de redes sociais que resultam no absentismo habitual e no mau desempenho da classe para utilizar o SMS para fins educativos.

1.3. Questões de investigação

O estudo tentou responder às seguintes questões de investigação.

- Como é que as instituições superiores dos estudantes da cidade de Mekelle utilizam os Sites de Meios de Comunicação Social?

- Porque é que os estudantes utilizam os Sites de Redes Sociais?

- Como é que a utilização de Sites de Redes Sociais afecta o desempenho académico dos estudantes?

- Como os Sites de Redes Sociais podem ser utilizados como ferramenta para o processo de aprendizagem do ensino académico?

1.4. Objectivos

1.4.1. Objectivos Gerais

O objectivo geral do estudo é conhecer os estudantes a utilização de Sites de Meios de Comunicação Social e as percepções dos estudantes de instituições superiores da cidade de Mekelle e propor uma estrutura.

1.4.2. Objectivos específicos:

O objectivo específico alcançado através de um trabalho estratégico separado dos objectivos específicos. Estes são os seguintes:

- Identificar a finalidade para a qual os estudantes utilizam os sítios de redes sociais.

- Descobrir como os estudantes das instituições superiores da cidade de Mekelle utilizam os sítios dos meios de comunicação social.

- Para desenhar sistema/estrutura.

- Identificar a percepção dos estudantes sobre o efeito dos Sites de Redes Sociais no desempenho académico dos estudantes.

- Identificar como os Sites de Redes Sociais podem ser utilizados como ferramenta para o processo de aprendizagem do ensino académico.

1.5. Justificação tópica

A razão para conduzir este estudo deriva da necessidade de mostrar o impacto que a utilização das redes sociais pode ter ao facilitar os estudantes de graduação e apoiar as suas necessidades académicas.

Escolhi o Facebook, o YouTube, o Twitter, o Instagram e o Google+ para me concentrar, uma vez que são os meios de comunicação social mais populares e mais amplamente utilizados actualmente. É também uma forma de redes sociais que os estudantes das instituições superiores utilizam para se comunicarem uns com os outros. Outra razão para a realização deste estudo é porque ele irá contribuir positivamente para as instituições superiores dos estudantes.

1.6. Âmbito e limitação do estudo

1.6.1. Âmbito do estudo

O estudo centra-se na identificação e análise da utilização pelos estudantes dos sítios de comunicação social e das suas percepções sobre os efeitos da utilização do caso da instituição superior da cidade de Mekelle, estado regional de Tigray, Etiópia.

1.6.2. Limitação do Estudo

A investigação tem a seguinte limitação:

- O conceito de sítios de comunicação social é novo na Etiópia, pelo que é difícil obter literatura local a este respeito, e devido à limitação, a investigação limita-se a um âmbito restrito.

- Para podermos comparar as instituições superiores e obter os resultados mais valiosos para a nossa investigação, decidimos concentrar-nos apenas nos estudantes de engenharia e tecnologia relacionada.

1.7. Significado do Estudo

A investigação identificou o uso de sítios de comunicação social pelos estudantes e as suas percepções sobre os efeitos do uso e a sua contribuição para o crescente corpo de conhecimentos. Além disso, foi feito para identificar as ligações entre o uso de sítios de redes sociais e a percepção dos estudantes sobre os efeitos do uso. Após ter identificado as ligações, este estudo dá orientação aos estudantes sobre como utilizar os SMS como plataforma para a aprendizagem académica. Em geral, espera-se que a investigação beneficie estudantes, professores, pais, e investigadores em particular e o país em geral.

1.8. Organização da tese

Nesta secção é descrito o esboço de diferentes secções e a estrutura geral da tese.

Capítulo um: Este é o primeiro capítulo e introduz a tese e fornece os antecedentes para o problema do estudo e investigação. A finalidade da investigação, as questões de investigação e os objectivos são delineados.

Capítulo dois: É explorada a literatura relevante na área de estudo. A luz para uma investigação mais aprofundada é mesmo estabelecida neste ponto.

Capítulo três: Detalha a metodologia da investigação, desenho da investigação, e amostras utilizadas para a tese.

Capítulo quatro: Explica o modelo de implantação, e o protótipo proposto.

Capítulo cinco: Aqui os dados obtidos a partir de questionários, entrevistas e observações são analisados e discutidos.

Capítulo seis: Nesta secção o relatório é resumido, as recomendações e as conclusões dos resultados são tiradas.

CAPÍTULO 2: REVISÃO LITERÁRIA

2.1. Introdução

Como parte da investigação, é feito um trabalho árduo de revisão da literatura relacionada que reforça a área de foco do estudo. Assim sendo, algumas da literatura que tem uma relação estreita com o tema principal do estudo, nomeadamente, a utilização pelos estudantes de sítios de redes sociais e as suas percepções sobre os efeitos da utilização, estão a ser discutidas nesta parte.

2.2. Definições de Meios de Comunicação Social

Os media sociais são o colectivo de canais de comunicação em linha dedicados ao input, interacção, partilha de conteúdos e colaboração com base na comunidade. Como o napoleon indica, "Social" como a palavra soa trata da forma como comunicamos na nossa sociedade, na qual nos encontramos e passamos tempo com outras pessoas. E Rede é a ligação de partes em conjunto para permitir o movimento ou a comunicação com outras partes. As redes sociais são a ligação de amigos ou família juntos, que lhe permitem comunicar facilmente. Com os sítios de redes sociais, pode ter uma longa cadeia de amigos que pode conversar ou partilhar informações ou ideal com outros utilizadores.

De acordo com Boyd e Ellison, "os Sites de Redes Sociais podem ser definidos como serviços baseados na web que permitem aos indivíduos construir um perfil público ou semi-público dentro de um sistema limitado, articular uma lista de outros utilizadores com os quais partilham uma ligação, e ver e percorrer a sua lista de ligações e as feitas por outros dentro do sistema" [9].

2.3. Visão geral dos sítios de redes sociais

Hoje em dia, a web é toda sobre o Facebook, Twitter, YouTube, mas há poucos anos atrás, todos estes serviços não existiam, portais e motores de busca onde ainda reinava. Os utilizadores assumiram o controlo da web. Ou, para ser mais exacto: o mercado mudou para um modelo de compromisso baseado em cliques para um modelo de compromisso baseado em fãs. O que significa que os cliques já não são a moeda principal para os conselheiros, os adeptos são: querem ser seguidos, ser partilhados, ser mencionados, o adepto é o novo clique.

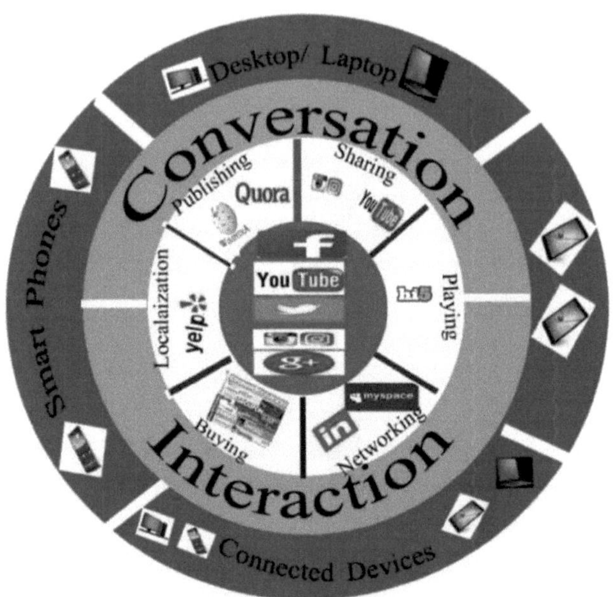

Figura 1: *Paisagem das Mídias Sociais [adoptada a partir de 10]*

Na figura acima, encontrará um resumo do ecossistema dos meios de comunicação social: Utilizadores envolvidos em conversas e interacções com vários tipos de dispositivos (laptop, desktop, tablet, smartphones), bem como utilizações mais sofisticadas (publicação, partilha, reprodução, media, compra e localização) em vários serviços de nicho ou em plataformas sociais genéricas (Facebook, Twitter, Google+).

2.4. Classificação das Mídias Sociais

Os meios de comunicação social podem ser classificados nas seguintes categorias.

Sites de redes sociais: Um site de meios de comunicação social fornece uma plataforma baseada na web para construir redes sociais ou relações sociais entre pessoas, por exemplo, interesses ou actividades partilhados. Fornecem um meio para interagir através da Internet, do correio electrónico e agora até dos telemóveis. Os sites mais populares que oferecem actualmente meios de comunicação social são, Facebook (iniciado em 2004) e Twitter (iniciado em 2006). Um site de meios de comunicação social permitiria a um utilizador criar perfis ou homepages pessoais em linha e construir uma rede social. A página de perfil assim criada é como a página web personalizada do utilizador e contém informações de perfil do utilizador como género, religião, orientação, interesses, local de nascimento, localização actual, estado civil, livros, etc. A página pode ser personalizada à vontade do utilizador e incluir videoclips, ficheiros de música ou fotografias na sua página. Também incluída na página está uma lista de amigos que formam a rede do utilizador. Normalmente, estes amigos são amigos reais, conhecidos e até estranhos, que podem ter enviado um pedido de amigo e o utilizador incluiu-os na sua lista.

Blogs: Um blog (derivado da palavra weblog) é uma revista online onde um indivíduo, grupo ou empresa apresenta um registo de actividades, pensamentos, ou crenças. Existem muitos websites que permitem aos utilizadores criar blogs sem qualquer pagamento, como Wordpress.com, Blogspot.com, e blogger.com. Qualquer pessoa pode criar um blogue nestes websites e estes blogues podem ser acedidos por qualquer pessoa, digitando o endereço web ou URL (Uniform Resource Locator). Outra subcategoria popular de blogs é o microblogging. Um site de microblogging é como qualquer blog, excepto que limita o número de palavras que podem ser publicadas numa única mensagem. Twitter.com é um exemplo de microblogging.

Sites geradores e de partilha de conteúdos: Estes sítios servem como fontes de informação para vários tópicos. Sites de partilha de fotos como licker.com, picasaweb.google.com, sites de partilha de vídeos como youtube.com, sites de partilha de slides como slideshare.com, sites de partilha de documentos como docstoc.com etc., todos se enquadram nesta categoria. Estes sites servem como conteúdo gratuito para todos os utilizadores da Internet. Os utilizadores podem pesquisar conteúdo, descarregar e utilizar o conteúdo disponível nestes sítios sem qualquer taxa. O conteúdo é também gerado pelos utilizadores. Este tipo de conteúdo gerado pelos utilizadores é também conhecido como crowdsourcing. Vídeo e apresentação em PowerPoint podem ser partilhados e carregados no YouTube e partilha de slides. Esta é uma grande vantagem para a maioria das pessoas que não conseguem ter acesso aos recursos educativos.

Sítios de avaliação do utilizador: Os sítios de avaliação dos utilizadores servem de plataforma para avaliações de vários produtos e serviços. Embora seja possível aos consumidores expressarem a sua opinião em qualquer dos meios, os sítios de avaliação dos utilizadores lidam principalmente com tais revisões. Sítios como www.mouthshut.com, www.pagalguy.com são os principais exemplos de tais sítios. Estes sítios servem como ponto de partida para o modelo de tomada de decisão do consumidor para a recolha de informação sobre produtos ou serviços que este está a considerar comprar. Como tal, estes sítios servem como um importante boca-a-boca para os consumidores e uma fonte de expressão de feedback pós-compra.

2.5. Educação e Meios de Comunicação Social

Nos últimos anos tem havido um aumento substancial na utilização dos Social media, não só pelos trabalhadores mas também pelos estudantes, por outras palavras, por toda a sociedade educativa

[11].

Alguns autores descobriram que os professores de ensino superior deveriam reconhecer a importância da utilização de ferramentas de comunicação social que satisfaçam os requisitos de conectividade da era digital de hoje. Sugerem que os professores devem encontrar novas estratégias e ferramentas para ensinar e captar a imaginação dos estudantes. Nas plataformas de redes sociais, os utilizadores interagem com outros, e estabelecem relações sociais através da troca de experiências pessoais no seio de comunidades de pessoas com interesses semelhantes [12].

De acordo com Ktoridou et.,al. "O Facebook tornou-se rapidamente o site de comunicação social favorito dos estudantes do ensino superior e parte integrante dos "bastidores" da experiência do ensino superior. Além disso, 48%-50% dos adolescentes são utilizadores activos dos meios de comunicação social. As numerosas funcionalidades do Facebook, tais como correio electrónico, quadros de avisos, mensagens instantâneas, publicação de vídeos e imagens e suplemento de download de aplicações, servem a função educacional de permitir a comunicação, colaboração e partilha entre estudantes e professores" [13].

2.6. Utilização educativa das redes sociais

As redes sociais tornaram-se parte integrante da vida social estudantil [14]. Estes meios tornaram-se importantes, uma vez que servem de plataformas para os utilizadores interagirem e se relacionarem com os seus pares. Os meios de comunicação social são agora vistos como plataformas de aprendizagem ou comunidades que poderiam ser utilizadas para melhorar o envolvimento e desempenho dos estudantes.

Vários investigadores encontraram vários resultados positivos no envolvimento da comunidade online entre estudantes e os seus pares. Um estudo de Tiene (2000), mostrou que "a comunicação escrita sobre o ciberespaço permite aos estudantes participar em discussões numa altura que lhes seja conveniente e articular as suas ideias de formas mais cuidadosamente pensadas e estruturadas [15].

Além disso, em comparação com a interacção presencial (F2F), os estudantes estão mais dispostos a expressar os seus pontos de vista ou mesmo desacordo e estão mais sintonizados com as opiniões dos outros em discussões em linha".

[16] Afirmou que o intercâmbio de trabalhos, recursos e discussões sobre trabalhos académicos e outras questões sobre meios de comunicação social entre estudantes.

Segundo Salvation e Adzharuddin, os estudantes são capazes de formular discussões de grupo para trocar ideias e comunicar aos seus professores, bem como apelar aos seus amigos sobre tarefas em SMSs. Indicaram que os professores partilham materiais relacionados com os cursos com os seus estudantes e criam grupos de estudantes para colaborar em projectos e comunicar com os seus colegas docentes de outras universidades através de SMSs, facilitando assim o processo de ensino e aprendizagem e a melhoria do desempenho académico [17].

2.7. Efeitos da utilização de Sites de Redes Sociais na Educação

Enriquez, sugere que a execução de SMS constantemente no computador pessoal dos estudantes enquanto executam as suas tarefas tem um impacto negativo no desempenho académico dos estudantes. Quando as pessoas lidam com o face book ou outros sites de comunicação social, podem ser e-mails e mensagens instantâneas constantemente a correr em segundo plano enquanto realizam a sua tarefa. À luz do facto acima referido, Kirschner e Karpinski, disseram que a execução de meios de comunicação social em segundo plano no computador pessoal (PC) dos estudantes enquanto estudam ou fazem os trabalhos de casa pode baixar a nota de um estudante [18].

A Internet tornou-se uma actividade diária dos adolescentes. Os adolescentes utilizam a Internet para a maioria das suas actividades diárias e recolha de informação, ao contrário das gerações mais velhas que utilizavam recursos como a televisão ou o jornal.

O número de utilizadores africanos do Facebook é agora superior a 17 milhões, contra 10 milhões em 2009. Mais de 15% das pessoas online em África estão a utilizar a plataforma, em comparação com 11% na Ásia. Dois outros sites de comunicação social, Twitter e YouTube, estão entre os sites mais visitados na maioria dos países africanos, enquanto que o rápido aumento da popularidade dos SMS começou na segunda metade da última década, em parte devido à sua utilização extensiva por estudantes escolares e universitários.

Kimberly et al, sugeriram que, embora tenha sido sugerido que os estudantes passam muito tempo a participar em actividades de redes sociais, com muitos estudantes a culparem os vários sítios de redes sociais pela sua diminuição constante nas médias de notas, também mostra que apenas poucos estudantes estão cientes das oportunidades de redes académicas e profissionais que os sítios oferecem. Assim, a fim de utilizar as oportunidades de redes académicas e profissionais oferecidas pelos SMS, os Educadores estão preparados para tirar partido das múltiplas ferramentas de colaboração e oportunidades de discussão proporcionadas pelos sítios de redes sociais para o ensino secundário e superior [19].

A tecnologia é um passo no sentido da melhoria, sem dúvida, mas qualquer tecnologia que possa facilitar as redes sociais pode ser perigosa para os viciados em redes sociais. Proporcionar uma facilidade omnipresente de redes sociais é um convite directo à toxicodependência para qualquer adolescente e mesmo um adulto, uma vez que a satisfação académica não é suficiente para os estudantes que sofrem de isolamento social.

Se os estudantes obtiverem orientação e consciência sobre o uso responsável dos SMS, estes podem ser utilizados como fonte de conhecimento académico. Saba e Taswir, mencionaram que os Social media podem ser utilizados como uma plataforma de aprendizagem para os estudantes. Podem também ser utilizados como parte de um ambiente de aprendizagem Virtual onde a sala de aula está a mudar no tempo e no espaço.

A utilização de sítios de redes sociais para fins educativos promove o desempenho académico dos estudantes. Oskouei, propôs que a Internet é vantajosa tanto para estudantes como para professores se for utilizada como instrumento de criação e disseminação do conhecimento. O efeito da utilização de SMS dependerá do tipo de SMS que o aluno está a utilizar. Se o aluno utilizar o SMS para fins de actividades de lazer que façam interface com o meio académico, isso afectará negativamente o desempenho académico do aluno.

Ishfag e Tehmina, afirmam que o próprio problema da utilização extensiva de SMS pode ser evitado pela monitorização por parte de professores ou pais da quantidade de tempo gasto em tais tipos de websites [20].

Tiamiyu e Aina, mencionaram que a característica das redes sociais permite aos utilizadores pesquisar, remar, filtrar, encontrar, colaborar e ter acesso aberto ao conhecimento e contribuir para o conteúdo da web [21].

Além dos benefícios acima mencionados, o SMS pode ser utilizado como fonte aberta ao conhecimento Courtney, mencionou que no site da rede social, o utilizador é um participante, um co-criador, e um construtor de conhecimento. A natureza dinâmica desta tecnologia permite aos utilizadores ter um acesso aberto ao conhecimento e contribuir com conteúdos locais no espaço da rede social. A maioria dos investigadores concorda que o conhecimento não existe apenas nas mentes individuais, mas também no discurso e nas interacções entre indivíduos. Tais interacções apoiam a participação activa, que é um elemento essencial na aprendizagem dos estudantes.

O SMS permite que os estudantes façam comunicação. A capacidade de comunicar uns com os outros num único local permite aos estudantes desenvolver conversas, quer relacionadas com o conteúdo do curso ou não. Isto aumenta a probabilidade de ter uma maior aprendizagem porque os estudantes estão a acrescentar ao diálogo para além do tópico prescrito, incluindo discussões que foram originalmente publicadas por um moderador ou professor [22].

Os SMS não são apenas bons para o desempenho académico dos estudantes, mas também são bons para exibir um maior sentido de comunidade. Dawson descobriu que o grau em que um estudante sente um sentido de comunidade pode ser influenciado pela presença e experiências de redes sociais pré-existentes, os estudantes que interagem com um maior número de estudantes também exibem um maior sentido de comunidade [23].

Apesar do facto de diferentes investigadores terem revelado os efeitos negativos e positivos do SMS Nebiat e Girum, revelou que "as instituições de ensino superior na Etiópia bloquearam o Facebook porque temem que o tempo passado no Facebook possa afectar o desempenho académico dos estudantes, mas o resultado do estudo mostra claramente que não existe qualquer relação entre o tempo passado no Facebook e o desempenho académico dos estudantes" [24].

Um trabalho apresentado por Abdulsalam et al., afirmou que os sites de redes sociais (SMSs), tais como Facebook e Twitter, estão a ganhar mais popularidade e utilização entre os estudantes das instituições de ensino superior. Baseados nos princípios de concepção, apresentam usabilidade, interactividade e acessibilidade económica, estes sites oferecem uma variedade de oportunidades para apoiar o envolvimento e a aprendizagem dos estudantes. Apesar das potenciais vantagens pedagógicas dos SMS, e da utilização generalizada entre os estudantes e do tempo considerável gasto diariamente em SMS, os resultados de muitos estudos indicam que a utilização de SMS para fins académicos é ainda significativamente limitada [25].

Em geral, o SMS permite aos indivíduos construir um perfil público com num sistema limitado, articulou uma lista de outros utilizadores com os quais partilham uma ligação, e ver e percorrer a sua lista de ligações e as feitas por outros dentro do sistema. A partir do sumário das literaturas revistas, o site dos meios de comunicação social tem afectado positivamente, negativamente e de forma neutra o desempenho académico dos estudantes. Por exemplo, a menos que os sítios de meios de comunicação social sejam utilizados para fins educativos, afectam negativamente o desempenho académico dos estudantes. Para mencionar alguns dos seus efeitos: o fácil acesso dos estudantes a sítios de redes sociais pode ser perigoso para os viciados em sítios de redes sociais, o maior tempo atribuído para entretenimento e a gestão de sítios de redes sociais no terreno secundário enquanto estudam pode baixar a nota dos estudantes. Embora tenha os seguintes benefícios se utilizado como ferramenta de criação e disseminação do conhecimento, por exemplo, faz parte de ambientes virtuais de aprendizagem, permite aos utilizadores ter um acesso aberto ao conhecimento e contribuir com conteúdos locais no espaço da rede social, é um modelo que apresenta acesso livre a publicações, permite aos estudantes praticar o tipo de habilidade do século XXI, pode ajudar a tornar as escolas ainda mais relevantes, ligadas e significativas para os estudantes, apoia a participação activa dos estudantes e ajuda os estudantes a sentirem um sentido de comunidade.

2.8. Apoio à aprendizagem através das redes sociais

Um grande conteúdo é muito vital para a aprendizagem nas Mídias Sociais. No entanto, as contribuições dos participantes aumentam a base de conhecimentos partilhada, e assim o envolvimento é procurado por uma curiosidade baseada no conteúdo a ser partilhado. De acordo com Greenhow (2011), os estudantes utilizam os seus meios de comunicação social online para cumprir funções de aprendizagem social, para obter validação e apreciação do trabalho criativo através de feedback nas suas páginas de perfil, para obter apoio de colegas/alunos e para ajudar nas tarefas relacionadas com a escola. No ponto de vista da aprendizagem, não restringimos a utilização de páginas pessoais para fins de personalização, mas sim para partilha, como é o caso dos fóruns de discussão [26]. Mazman e Usluel [26] adoptaram um modelo mostrado abaixo, para descrever o uso educativo do Facebook. Ligaram a relação entre o uso educacional e a finalidade que, por sua vez, proporciona algumas adopções. O uso educativo identificou as suas próprias variáveis, tais como colaboração, comunicação, partilha de material e recursos. Realizaram ainda um inquérito online que incluiu um total de 606 inquiridos e os resultados mostraram que a utilização do Facebook influenciou positivamente os inquiridos. A influência tem sido contribuída através da relação entre a utilização educativa e a comunicação, colaboração, partilha de material e de recursos [27].

Figura 2: Exemplo de utilização do Facebook no Modelo de Investigação para a Educação [adoptado a partir de 26]

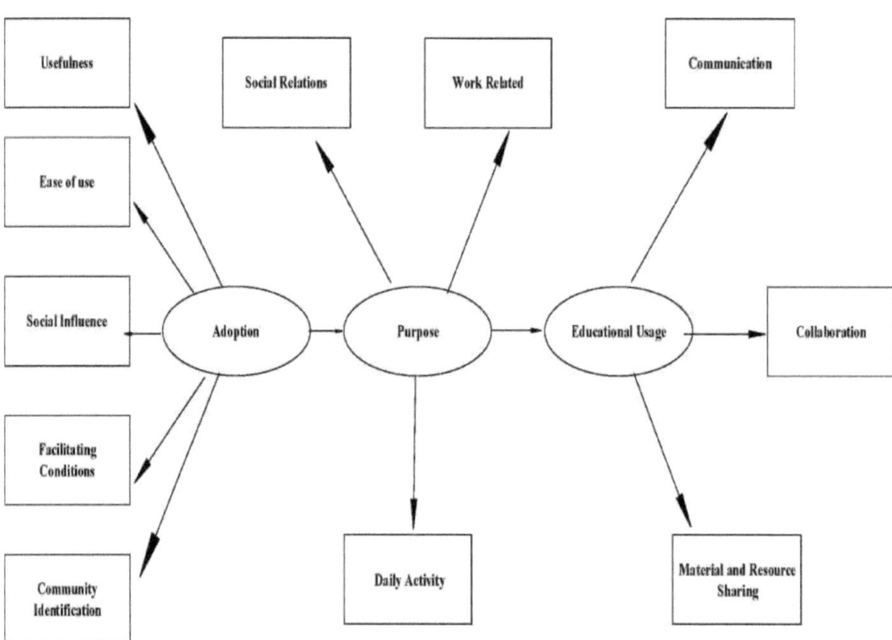

2.9. Desempenho académico

Melissa, mencionou que nas instituições educacionais, o sucesso é medido pelo desempenho académico, ou quão bem um estudante cumpre os padrões estabelecidos pelo governo local e pela própria instituição. À medida que a competição na carreira profissional se torna cada vez mais feroz no mundo do trabalho, a importância de os estudantes se saírem bem na escola chamou a atenção dos pais, legisladores e departamentos de educação do governo.

Truckman, também definiu o desempenho como a demonstração aparente da compreensão, conceitos, aptidões, ideias e conhecimentos de uma pessoa e propôs que as notas descrevem claramente o desempenho de um estudante. Assim, o seu desempenho académico deve ser gerido eficientemente tendo em conta todos os factores que podem afectar positiva ou negativamente o seu desempenho educacional [28].

Uma pesquisa apresentada por Waqas Tariq, Madiha Mehboob, M. Asfandyar Khan e FaseeUllah, o impacto dos sites sociais pode ser bom para os estudantes, mas se olharmos mais de perto para o impacto real das redes sociais Os sites de redes sociais como https://www.linkedin.com, http://www.facebook.com/, https://twitter.com/ e https://www.orkut.com/ etc. estão continuamente a distrair os estudantes dos seus estudos. O foco principal dos estudantes deve ser a educação, mas infelizmente os estudantes de hoje estão a dar ênfase a tais sites que podem ser uma completa perda de tempo [29].

Os utilizadores da Internet com menos de 50 anos são particularmente propensos a utilizar um sítio de rede social de qualquer tipo, e os 18-29 são os mais propensos de qualquer coorte demográfica a fazê-lo (83%). O Facebook continua a ser a plataforma de redes sociais mais utilizada, uma vez que dois terços dos adultos em linha dizem que são utilizadores do Facebook, [30]. Seguindo a liderança dos actuais negócios e indústrias de alta tecnologia, muitos campus universitários começaram a utilizar tecnologias de redes sociais Web.2.0 como o Facebook, blogs, Twitter, e YouTube para facilitar a partilha de informação e colaboração entre administradores, professores e estudantes. Um exame da investigação sobre as iniciativas dos meios de comunicação social no campus revelou que as universidades estão a começar a fornecer apoio e infra-estruturas para apoiar as iniciativas dos meios de comunicação social, e que as ferramentas dos meios de comunicação social estão a ser utilizadas como parte do conteúdo e entrega do curso, onde os estudantes podem utilizá-las para colaboração e tomada de decisões de grupo em projectos do mundo real [31].

Hoje em dia, é crucial determinar o impacto dos meios de comunicação social no desempenho académico dos estudantes. A tecnologia está em rápido crescimento de ano para ano, e são as gerações mais jovens que são apanhadas nesta rápida mudança. A sua investigação visa avaliar a frequência com que os estudantes são redes sociais, e se isso tem algum efeito no seu desempenho académico [32].

2.10.Obras relacionadas

Foram produzidos vários trabalhos relacionados. Nas secções seguintes, o investigador discute alguns dos trabalhos relacionados.

Uma pesquisa apresentada por [32], hoje em dia, é crucial determinar o impacto dos meios de comunicação social no desempenho académico dos estudantes. A tecnologia está em rápido crescimento de ano para ano, e são as gerações mais jovens que são apanhadas nesta rápida mudança. A sua investigação visa avaliar a frequência com que os estudantes são redes sociais, e se esta tem algum efeito no seu desempenho académico.

O trabalho apresentado por [33], a proliferação de Sites de Redes Sociais teve obviamente um efeito sobre o desempenho académico dos estudantes. Historicamente, os sítios de redes sociais progrediram dos dias dos telégrafos para a era actual dos dispositivos móveis. O investigador adoptou metodologias de investigação quantitativas envolvendo a administração de questionários a (210) estudantes de várias universidades, utilizando amostragem aleatória. E generalizaram a sua descoberta como resultado do estudo de apenas uma universidade em todo o Gana. A amostra de tamanho não foi suficiente. Os autores identificaram as redes sociais comuns que os estudantes utilizam, com que frequência (número de horas) os estudantes visitam sítios de redes sociais, e que efeitos as redes sociais têm no desempenho académico dos estudantes.

Uma pesquisa apresentada por [34] na Universidade de Asosa declarou que as instituições de ensino superior têm um grande receio que o desempenho académico dos estudantes possa afectar negativamente porque os estudantes estão a prestar mais atenção aos sítios de comunicação social. Os sítios de redes sociais estão continuamente a distrair os estudantes dos seus estudos educacionais. O foco principal dos estudantes deveria ser a educação, mas infelizmente os estudantes de hoje estão a dar ênfase aos sítios de redes sociais que podem ser uma completa perda de tempo. As redes sociais eram apenas uma comunicação online entre utilizadores. No entanto, tornou-se um vício para estudantes, jovens e mesmo adultos. A sua descoberta foi que a maioria dos estudantes utiliza as redes sociais para conversar, para facilitar a comunicação com os amigos existentes, desperdício de tempo desnecessário, as normas e a ética da Etiópia também se deterioraram com posts desnecessários e um estudante não utiliza as redes sociais para práticas de partilha de informação e conhecimento. Na sua metodologia, foram entrevistados 100 (cem) estudantes de tecnologia e distribuídos questionários relacionados com conceitos e impactos dos meios de comunicação social. O investigador também utilizou a observação directa na altura da utilização das redes sociais pelos estudantes. O autor tentou identificar e avaliar questões relacionadas com o impacto da utilização das redes sociais nos estudantes universitários de tecnologia de Assosa. Mas a amostra de tamanho para a investigação não foi suficiente.

A investigação em [35], a investigação investiga o impacto pedagógico dos sítios de redes sociais nos estudantes de graduação da Faculdade de Ciências Aplicadas (CAS), Nizwa, Omã. Blogs, wikis, tweets, RSS feeds, fóruns de discussão, podcasts são nós educativos numa enorme rede. O seu estudo tabula a utilização destas aplicações web2.0 e o seu impacto sobre os comportamentos linguísticos e sociais dos jovens estudantes a sua população alvo para o estudo foram os estudantes universitários, do programa de bacharéis, da Faculdade de Ciências Aplicadas de Nizwa, Omã. A amostra do estudo foi composta por 100 participantes e a amostra foi escolhida utilizando a Técnica de Amostragem Purposive Sampling Technique.

2.11. As TIC na Etiópia

O governo etíope criou o Ministério das Tecnologias da Comunicação e Informação (MCIT) em 2010, reconhecendo o papel crítico das tecnologias de informação e comunicação (TIC) no desenvolvimento nacional. O ministério é uma instituição de cúpula que lidera o desenvolvimento das TIC da nação através do desenvolvimento de instrumentos políticos, concepção de vários programas, mobilização de recursos, orientação e monitorização da implementação. Consequentemente, a realização do nosso ministério será medida principalmente pela profundidade e amplitude da vida assistida pelas TIC que trouxe aos cidadãos etíopes.

Para tal, o MCIT fará tudo o que estiver ao seu alcance para cumprir com êxito as suas responsabilidades que lhe foram atribuídas. E sinto-me honrado por ter sido o ministro pioneiro encarregado da missão de dirigir o MCIT neste momento histórico da Etiópia, onde o governo lançou o Plano de Crescimento e Transformação (GTP) que desencadeou a viagem de desenvolvimento rumo à Renascença Etíope. Na minha capacidade, desejo e espero desempenhar o meu papel de liderança no MCIT e peço sinceramente a todos vós o vosso apoio e participação no nosso esforço para erradicar a pobreza e transformar o nível de vida do nosso povo [36].

2.12. Política e Estratégia das Tecnologias de Informação e Comunicação (TIC) na Etiópia

O Governo etíope fez do desenvolvimento das tecnologias de informação e comunicação uma das prioridades do seu plano estratégico. As TIC na Etiópia encontram-se actualmente na fase inicial de desenvolvimento. Os principais indicadores que apontam para o baixo nível de desenvolvimento das TIC são:

1. A ausência de quadros legais e regulamentares adequados.

2. Limitações nas infra-estruturas de telecomunicações e baixo nível de penetração dos serviços da Internet.

3.   Falta de dados e recursos de informação organizados, e fraca acessibilidade aos que existem

4.   Falta de recursos humanos qualificados aliada a uma baixa literacia em TIC.

5.   Sector privado subdesenvolvido.

Estes constrangimentos apresentam ao Governo desafios reais, mas também oportunidades, para todo o desenvolvimento acelerado das TIC na Etiópia. Assim, o Governo da Etiópia, reconhecendo a importância do desenvolvimento das Tecnologias de Informação e Comunicação, adoptou esta política e estratégia das TIC.

A política das TIC abrange o conhecimento e a informação como instrumento para o desenvolvimento e as TIC como sector ou indústria. Para além de serem um facilitador do desenvolvimento socioeconómico, as TIC também apoiam o processo de democratização e boa governação em curso na Etiópia. As TIC promovem a governação democrática, permitindo que todos os cidadãos participem no processo político, bem como tenham acesso ao conhecimento e à informação globais. Assim, o objectivo do governo é assegurar que todos os cidadãos tenham acesso igual e equitativo aos serviços governamentais e ao conhecimento e à informação. Assim, o Governo tem o compromisso de acelerar o desenvolvimento das TIC a fim de reforçar o processo em curso de desenvolvimento sustentável e redução da pobreza, bem como a boa governação e o sistema democrático [36].

2.13.Lacunas de Investigação

Todas as literaturas acima mencionadas mostraram o potencial dos sítios de comunicação social para um desempenho académico exacto dos estudantes. Geralmente concluíram que a proliferação de Sites de Redes Sociais teve obviamente um efeito sobre o desempenho académico dos estudantes. Mas os conjuntos de dados utilizados por quase todas as literaturas acima referidas não eram em grande número, em contraste com a capacidade das redes sociais. Este estudo também utilizará Sites de Redes Sociais para desenvolver um quadro que possa apoiar os estudantes no envolvimento na utilização de sites de redes sociais para fins educativos. E o conjunto de dados que serão utilizados para formular a estrutura são cientificamente amostrados e suficientes para conduzir a investigação.

CAPÍTULO 3: MÉTODOS E ABORDAGEM S DO ESTUDO

3.1. Introdução

A informação discutida nesta secção inclui as características da área de estudo onde a investigação foi realizada, a metodologia adoptada na amostragem, o instrumento utilizado na recolha e análise de dados, o quadro conceptual do estudo foi incorporado.

3.2. Descrição da área de estudo

Mekelle é a capital da região de Tigray situada a 780 km de Addis Abeba. Sob Mekelle existem muitas faculdades privadas e uma universidade governamental que é a Universidade de Mekelle. Do referido investigador seleccionou uma Universidade governamental e três faculdades privadas para efeitos do estudo, nomeadamente, a Universidade de Mekelle (EiTM), MITC (Microlink Information Technology College), Sheba University College e Millennium University College. Entre as instituições superiores seleccionadas, a Universidade Mekelle é propriedade do governo e as outras são propriedade de proprietários privados.

Figura 3: Mapa da área de estudo

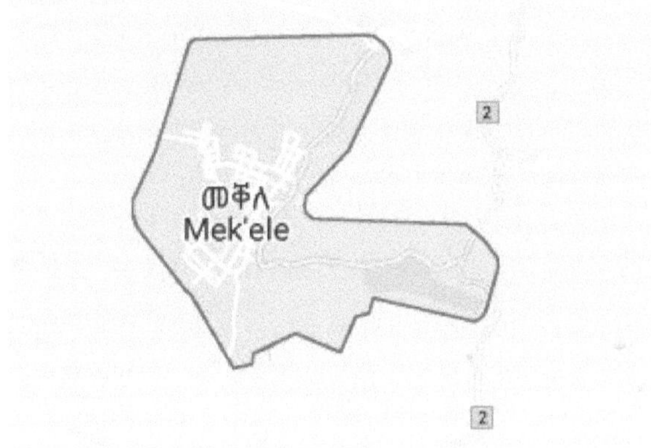

3.3. Concepção de Investigação e Estudo de Estruturas de Concepção

O estudo utilizou o método de inquérito descritivo que envolve tanto o método qualitativo como o quantitativo. Existem diferentes tipos de abordagens de investigação para a concepção do estudo. Neste estudo de tese utilizou-se o método de levantamento descritivo que envolve tanto o método qualitativo como o quantitativo e a abordagem da ciência do design é também introduzida aos leitores como a principal influência a esta abordagem de investigação utilizada devido à natureza destas questões de investigação que requerem múltiplos métodos para que sejam respondidas. A investigação apresentada nesta pesquisa é apoiada por uma abordagem da ciência do design devido à aspiração de utilidade para o resultado da investigação.

Ou seja, há um pressuposto de que a ciência do design se destina a produzir investigação mais relevante para a prática do que abordagens mais tradicionais que correm o risco de ser demasiado redutoras, demasiado amplas ou demasiado triviais para serem de qualquer relevância prática [37].

A ciência do design, tal como conceptualizada por Simon, apoia um paradigma de investigação pragmático que exige a criação de artefactos inovadores para resolver problemas do mundo real. Assim, a investigação científica em design combina um foco no artefacto de TI com uma elevada prioridade na relevância no domínio da aplicação. O paradigma design-ciência procura alargar as fronteiras das capacidades humanas e organizacionais através da criação de artefactos novos e inovadores [37].

O paradigma do design-ciência tem as suas raízes na engenharia e nas ciências do artificial (Simon 1996). É, fundamentalmente, um paradigma de resolução de problemas. Procura criar inovações que definem as ideias, práticas, capacidades técnicas, e produtos através dos quais a análise, concepção, implementação, gestão, e utilização de sistemas de informação podem ser efectiva e eficientemente realizados.

O termo artefacto de TI foi definido de várias maneiras. Na perspectiva da ciência da concepção de SI, é comum uma definição relativamente ampla. Hevner, et al. (2004) descrevem artefactos de TI como, "construções (vocabulário e símbolos), modelos (abstracções e representações), métodos (algoritmos e práticas), e instanciamentos (sistemas implementados e protótipos)". Assim, na visão da SI, um artefacto informático pode ser mais do que apenas um sistema ou tecnologia de informação instanciada.

Durante o estudo desta investigação, segui os quadros da ciência do design mostrados na figura2 abaixo. O processo está estruturado em três fases principais "identificação do problema", "concepção da solução" e "avaliação" que podem interagir umas com as outras dentro do processo de investigação. Cada fase é dividida em etapas. As setas indicam uma transição de uma etapa para outra, as linhas pontilhadas indicam transições menos utilizadas. As etapas não são sequenciais, referem-se frequentemente umas às outras.

Figura 4: *Quadro do processo de investigação [37].*

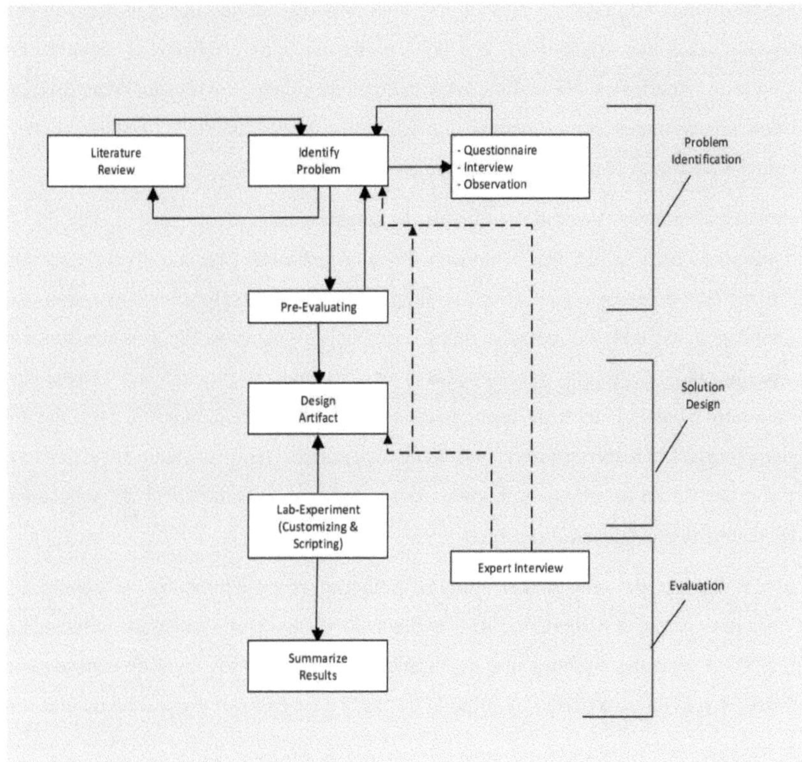

3.4. Domínio

A população do estudo era constituída por estudantes que utilizavam sítios de comunicação social e frequentavam as aulas no ano lectivo de 2015/2016 nas instituições superiores de Mekelle. Foi seleccionado o ano 1^{St} -5^{Th} estudantes de graduação da Universidade de Mekelle (EiT-M), Microlink Information Technology College, Sheba University e Millennium University College como a população. A população engloba 9916 das instituições superiores. Entre 9916 onde 8138 eram da Universidade de Mekelle (EiT-M). O EiT-M foi seleccionado para a investigação da Universidade de Mekelle. Do MITC 836 foi seleccionado, 619 do Sheba University College e 323 foi do Millennium University College e seleccionado da disciplina de Ciência da Computação, Engenharia de Software, e Ciências da Informação de Gestão. A população do estudo consistiu em estudantes que utilizam SMS inscritos em instituições superiores de 1st - 5^{Th} estudantes do ano, peritos em TIC e peritos da Ethio Telecom.

3.5. Tamanho da Amostra e Técnica de Amostragem

Desenho de Amostragem: A população alvo desta investigação foram os estudantes utilizadores de sítios de comunicação social. Isto foi feito para ter uma melhor percepção da investigação, uma vez que a população alvo era a dos utilizadores de SMS e podia dar boas respostas. A extensão do inquérito foi limitada aos estudantes das instituições superiores da cidade de Mekelle. Além disso, o investigador tomou propositadamente os peritos em TIC como parte do estudo, considerando o papel que estes grupos podem desempenhar para o sucesso do estudo.

Moldura de amostra: Uma vez decidido o quadro de amostragem, foi utilizado o método de amostragem proporcional para seleccionar a amostra de cada instituição, sexo e nível de ano de classe e depois o método de amostragem aleatória simples (SRS) para seleccionar os inquiridos individuais. Na sondagem assistida por pessoas, quase todas as pessoas na moldura de amostragem tiveram igual oportunidade de serem seleccionadas e obter respostas preenchidas através das pessoas que aceitaram prontamente e de bom grado preenchê-la. Amostragem e tamanho da amostra: A amostragem ajuda a extrair inferências sobre a população da qual a amostra é retirada. Isto significa que a técnica de amostragem ajuda a compreender as características da população, examinando apenas uma pequena parte da mesma.

Isto significa que a técnica de amostragem ajuda a conhecer as características da população, examinando apenas uma pequena parte da mesma. A dimensão da amostra é calculada utilizando a Fórmula Slovin [38]. O tamanho da amostra é determinado considerando o nível de confiança, o grau de variabilidade e o nível de precisão. A fórmula utilizada para calcular o tamanho da amostra é:

$$n = \frac{N}{1 + N(e)^2}$$

Foi utilizada a fórmula acima da Fórmula Slovin, Onde, n = tamanho da amostra, N = tamanho da população, e = nível de precisão. O nível de precisão é o intervalo em que se estima que o valor real da população é expresso em pontos percentuais (±5). O número total de estudantes que estão familiarizados com os Sites de Redes Sociais nas instituições superiores da cidade de Mekelle é de 9916(N), este valor é igual ao tamanho da moldura da amostra. Por conseguinte, com base nesta fórmula, o tamanho da amostra foi fixado em 385. Para obter o respectivo valor, o tamanho da amostra foi distribuído proporcionalmente por cada instituição superior seleccionada da cidade de Mekelle, como se mostra abaixo: (385/9916= « 0.03882).

Quadro 1: *Amostra colhida*

	Tamanho da população	Sítio de amostra

Universidade de Mekelle (EitM)	8138	316
Microlink IT College	836	24
Instituições		
Colégio Universitário de Sheba	619	32
Colégio Universitário do Milénio	323	13
Total	9916	385
Género		
Sexo masculino	6378	248
Feminino	3538	137
Total	9916	385
Ano de aulas 1st	2336	91
2^{Nd}	2053	80
3^{Rd}	1948	75
4^{Th}	1806	70
5^{Th}	1773	69
Total	9916	385

3.6. Método de recolha de dados

Questionários

Um **questionário** é um instrumento de investigação constituído por uma série de perguntas (ou outros tipos de pedidos) com o objectivo de recolher informações dos inquiridos. Os dados necessários para a investigação foram recolhidos através de um questionário. Neste estudo, os dados primários ou em primeira mão foram recolhidos através de questionários.

Entrevista

A entrevista é a principal e popular ferramenta utilizada pelos engenheiros de requisitos para desenhar pedidos do sistema e compreender os objectivos do sistema através de discussão verbal com as partes interessadas [39].

A entrevista também permite que as coisas sejam explicadas mais cara a cara do que interrogador [40].

A entrevista é uma das várias ferramentas existentes para a recolha de dados primários. Qualquer discussão intencional entre duas ou mais pessoas, destinada a recolher dados válidos e fiáveis, é considerada como uma entrevista [41]. Denzin, [42] descreve a entrevista como um dispositivo, utilizado por jornalistas, cientistas sociais, psiquiatras, médicos, assistentes sociais e muitos outros, para objectivar indivíduos e recolher informações. Discute que a entrevista é uma técnica dialógica que funciona como um método exploratório e descritivo para transformar experiências em mercadoria narrativa e consumível. Além disso, torna os entrevistadores capazes de recolher reflexões e tornar públicas as suas ideias pessoais.

A entrevista é uma ferramenta extensiva de recolha de dados que abrange diferentes ramos, mostrados na figura 5. Uma entrevista pode ser padronizada ou não padronizada, formal e estruturada ou informal e não estruturada, e uma para muitos ou uma para um. Ao decidir usar a entrevista como um instrumento, é importante considerar os seus diferentes tipos para justificar qual o tipo específico mais adequado ao estudo e porque é escolhida.

Figura 5: Formas de entrevista [adoptada a partir de 41]

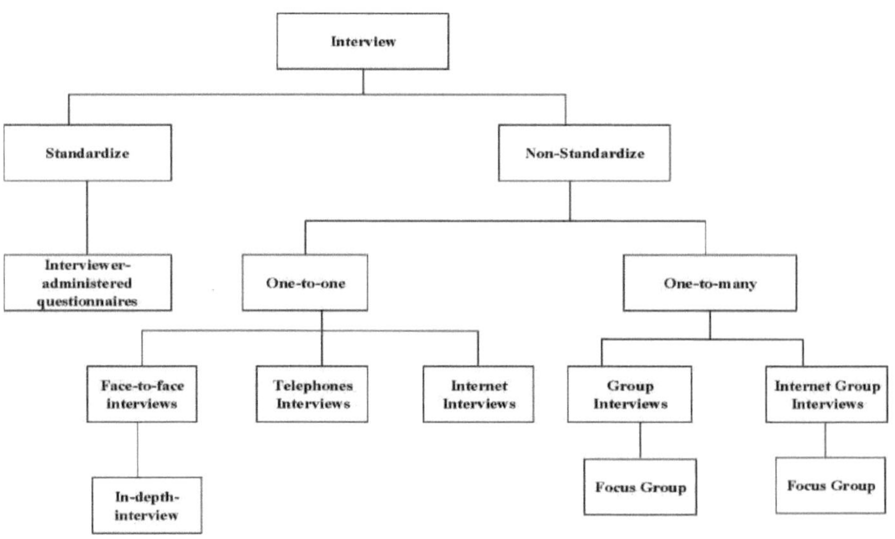

Uma entrevista estruturada é um conjunto pré-determinado de perguntas, não é flexível e não pode ser reestruturada. Uma entrevista não estruturada é uma abordagem oposta, na qual o entrevistado é capaz de falar informalmente e livremente sobre os seus pontos de vista [42]. Entre estes dois extremos, a semi-estruturada é um tipo moderado que é uma entrevista não-padronizada e assim, uma vez que se trata de um estudo qualitativo, é utilizada uma "entrevista de investigação qualitativa", que tem uma lista de perguntas que orienta as entrevistas e um tema específico ligado à pergunta de investigação. A realização de uma série de entrevistas semi-estruturadas, embora abertas, destina-se a recolher as reflexões dos entrevistados de forma semelhante, o que significa que as perguntas são sempre respondidas no mesmo contexto. As entrevistas são realizadas presencialmente, uma a uma, numa abordagem não padronizada.

Observação

Muitos projectos de investigação são feitos através da observação, estes projectos de tese enfatizam frequentemente a avaliação das características relacionais ou da qualidade informativa das respostas.

A observação foi utilizada nesta tese para confirmar que a informação obtida a partir da entrevista corresponde à realidade para compreender o fluxo de actividades em diferentes equipas de casos, para comparar as diferenças de serviços prestados por estes institutos e para avaliar a importância da informação que foi obtida a partir da perspectiva das entrevistas.

O investigador realizou uma observação sistemática sobre a captura de dados e o formato dos relatórios, ferramentas de recolha de dados, como os estudantes das instituições superiores da Mekelle utilizam sítios de meios sociais e padrões de fluxo de informação.

3.7. Procedimento de análise de dados

Ao analisar as lacunas dos problemas de investigação, foram encontradas na literatura como os estudantes das Instituições Superiores da cidade de Mekelle utilizam o SMS? Para que fins é que estes estudantes utilizam os SMS? Durante quanto tempo é que estes estudantes utilizam os SMS para fins académicos e não académicos? E finalmente, comparamos os resultados encontrados na literatura e contra os resultados encontrados nos estudos de caso encontrados. Também explorámos aspectos teóricos adicionais nas áreas problemáticas desta investigação.

3.8. Instrumento de recolha e análise de dados

O instrumento utilizado para conduzir a pesquisa foram questionários, entrevista e observação, depois foi analisado utilizando o Statistical Package Software Sciences (SPSS) versão 20. Antes da distribuição dos questionários, o inquérito preliminar foi conduzido utilizando uma consulta não estruturada para identificar os estudantes que utilizavam Sites de Mídias Sociais e aqueles que não utilizavam Sites de Mídias Sociais, o instrumento utilizado foi discutido em detalhe da seguinte forma:

3.8.1. Análise de dados

A análise de dados utilizada após a realização do inquérito. Os dados analisados utilizando frequência, tabulação cruzada, teste do qui-quadrado de associação e percentagem.

3.9. Variáveis

Para o estudo do problema, foram seleccionadas as seguintes variáveis como Variáveis independentes: Quais os Sites de Mídias Sociais mais visitados, tipo de informação habitualmente partilhada, como os estudantes utilizam os Sites de Mídias Sociais na maioria dos casos, tempo atribuído aos Sites de Mídias Sociais média por dia, tempo atribuído a Sites não educativos e educativos, porque é que os estudantes utilizam os Sites de Mídias Sociais, e consciência dos estudantes sobre o efeito negativo e positivo dos Sites de Mídias Sociais no desempenho académico, a consciência dos estudantes sobre os Sites de Mídias Sociais pode ser utilizada como uma ferramenta para a educação foram utilizados como variável dependente.

3.10. Estrutura Teórica do Estudo

A figura 3 mostra a estrutura teórica do estudo e, para efeitos desta tese, vamos considerar 3 factores: utilização das redes sociais, conhecimento das redes sociais e monitorização das redes sociais.

Figura 6: *Quadro teórico da Investigação*

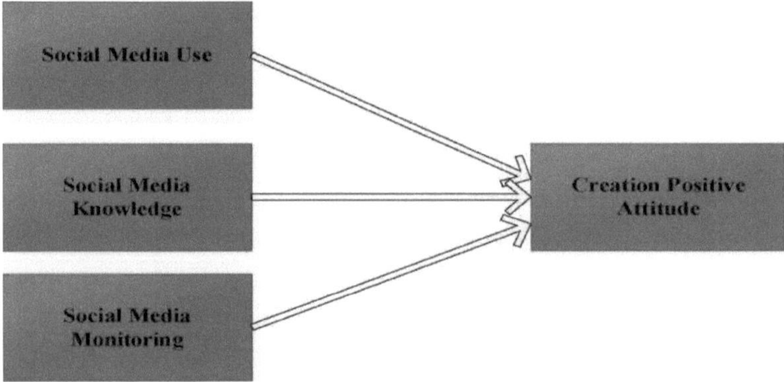

3.11. Ferramentas utilizadas

Pacote Estatístico para as Ciências Sociais (SPSS)

O Pacote Estatístico para as Ciências Sociais (SPSS) é um pacote de software utilizado na análise estatística de dados. Foi desenvolvido pela SPSS Inc. e adquirido pela IBM em 2009. Em 2014, o software foi oficialmente renomeado IBM SPSS Statistics. O software foi originalmente concebido para as ciências sociais, mas tornou-se popular noutros campos como as ciências da saúde e especialmente em marketing, pesquisa de mercado e extracção de dados.

O Pacote Estatístico para as Ciências Sociais é um programa amplamente utilizado para a análise estatística em ciências sociais, particularmente na educação e investigação. No entanto, devido ao seu potencial, é também amplamente utilizado por investigadores de mercado, investigadores de cuidados de saúde, organizações de inquérito, governos e, muito especialmente, mineiros de dados e grandes profissionais de dados.

Para além da análise estatística, o software também inclui gestão de dados, o que permite ao utilizador fazer a selecção de casos, criar dados derivados e efectuar a remodelação de ficheiros. Outra característica é a documentação de dados, que armazena um dicionário de metadados juntamente com o ficheiro de dados.

Os métodos estatísticos utilizáveis no software incluem:

- Estatística descritiva - Frequências, tabulação cruzada, estatística descritiva

- Estatísticas bivariadas - Análise de variância (ANOVA), meios, correlação, testes não paramétricos

- Previsão de resultados numéricos - Regressão linear

- Predição para a identificação de grupos - Análise de agrupamento (K significa, em duas etapas, hierárquica), análise de factores.

Microsoft Excel

O Microsoft Excel é um programa de software produzido pela Microsoft que permite aos utilizadores organizar, formatar e calcular dados com fórmulas utilizando um sistema de folhas de cálculo. Este software faz parte da suite Microsoft Office e é compatível com outras aplicações da suite Office.

Excel é uma aplicação de folha de cálculo comercial produzida e distribuída pela Microsoft para Microsoft Windows e Mac OS. Possui a capacidade de efectuar cálculos básicos, utilizar ferramentas gráficas, criar tabelas pivot e criar macros. O Excel tem as mesmas características básicas de todas as aplicações de folha de cálculo, que utilizam uma colecção de células dispostas em linhas e colunas para organizar e manipular os dados. Podem também exibir dados como gráficos, histogramas e gráficos de linhas. O Excel permite aos utilizadores seccionar dados de modo a visualizar vários factores a partir de diferentes perspectivas. O Visual Basic é utilizado para aplicações em Excel, permitindo aos utilizadores criar uma variedade de métodos numéricos complexos. Os programadores têm a opção de codificar directamente usando o Editor Visual Basic, incluindo o Windows para escrever código, depuração e organização do módulo de código [43].

WAMP

Significa "Windows, Apache, MySQL, e PHP". WAMP é uma variação do LAMP para sistemas Windows e é frequentemente instalado como um pacote de software (Apache, MySQL, e PHP). É frequentemente utilizado para desenvolvimento web e testes internos, mas também pode ser utilizado para servir sítios web ao vivo. A parte mais importante do pacote WAMP é o Apache (ou "Apache HTTP Server"), que é utilizado para executar o servidor web dentro do Windows. Ao executar um servidor web Apache local numa máquina Windows, um programador web pode testar páginas web num navegador web sem as publicar ao vivo na Internet.

WAMP também inclui MySQL e PHP, que são duas das tecnologias mais comuns utilizadas para a criação de sítios Web dinâmicos. MySQL é uma base de dados de alta velocidade, enquanto PHP é uma linguagem de scripting que pode ser utilizada para aceder a dados da base de dados. Ao instalar estes dois componentes localmente, um programador pode construir e testar um sítio web dinâmico antes de o publicar para um servidor web público. Enquanto Apache, MySQL, e PHP são componentes de código aberto que podem ser instalados individualmente, são normalmente instalados em conjunto. Um pacote popular é chamado "WampServer", que fornece uma forma amigável de instalar e configurar os componentes "AMP" no Windows [44].

Apache

O Apache é o software de servidor web mais amplamente utilizado. Desenvolvido e mantido pela Apache Software Foundation, o Apache é um software de código aberto disponível gratuitamente. Corre em 67% de todos os servidores web do mundo. É rápido, fiável, e seguro. Pode ser altamente personalizado para satisfazer as necessidades de muitos ambientes diferentes, utilizando extensões e módulos. A maioria dos fornecedores de alojamento WordPress utilizam o Apache como o seu software de servidor web. No entanto, o WordPress também pode ser executado em outro software de servidor web [45].

MySQL

O MySQL é um sistema de gestão de bases de dados. Uma base de dados é uma colecção estruturada de dados. Pode ser qualquer coisa, desde uma simples lista de compras até uma galeria de imagens ou a vasta quantidade de informação numa rede corporativa. Para adicionar, aceder, e processar dados armazenados numa base de dados informática, é necessário um sistema de gestão de bases de dados como o MySQL Server. Uma vez que os computadores são muito bons no tratamento de grandes quantidades de dados, os sistemas de gestão de bases de dados desempenham um papel central na computação, como utilitários autónomos, ou como partes de outras aplicações [46].

CAPÍTULO 4: IMPLANTAÇÃO

4.1. Introdução

Esta secção trata da implantação e do portal proposto para as instituições superiores da cidade de Mekelle. O portal proposto inclui diferentes páginas, tais como: Home Page, E-Library, Faculty, Institutes, Contents, External Links, Technology and Entertainment.

4.2. Representação do portal da homepage

Figura 7: *Representação protópica da página inicial do SMS.*

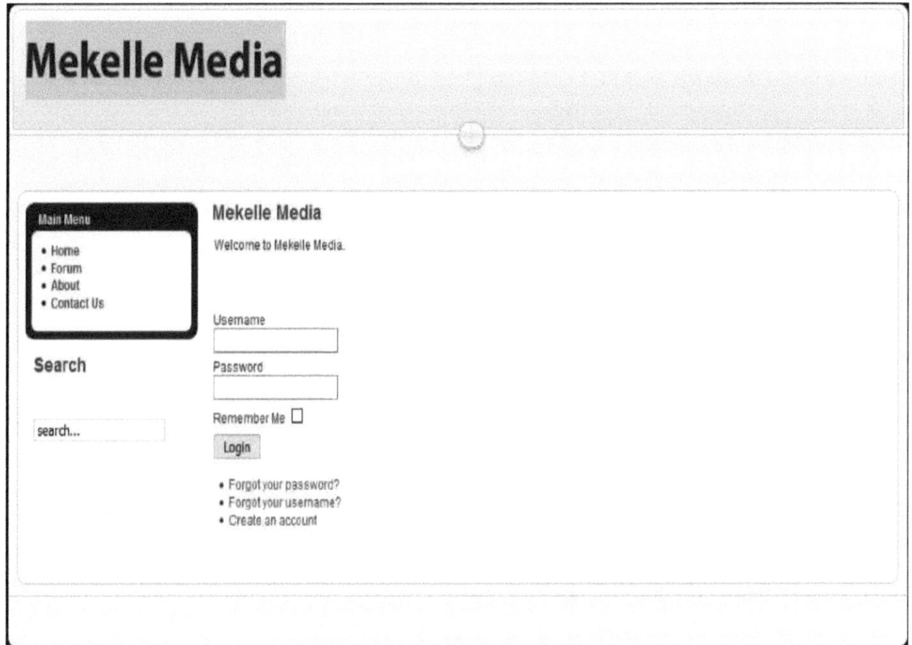

A figura acima7 mostra a plataforma proposta para Sítios de Meios de Comunicação Social de instituições superiores da cidade de Mekelle. A página contém diferentes conteúdos, tal como no lado esquerdo há um menu principal que contém o botão Home, Education, Forum, e About e contacta-nos, para que qualquer utilizador ao entrar neste site possa simplesmente aceder gratuitamente. No lado central contém o login, qualquer utilizador que seja membro deste site pode entrar usando o seu nome de utilizador e senha, enquanto os utilizadores que não sejam membros do site clicando no botão 'Criar uma conta' e preenchendo o formulário de registo serão membros do site.

4.3. Representação do portal de registo

Figura 8: *Representação protópica do formulário de registo de SMS.*

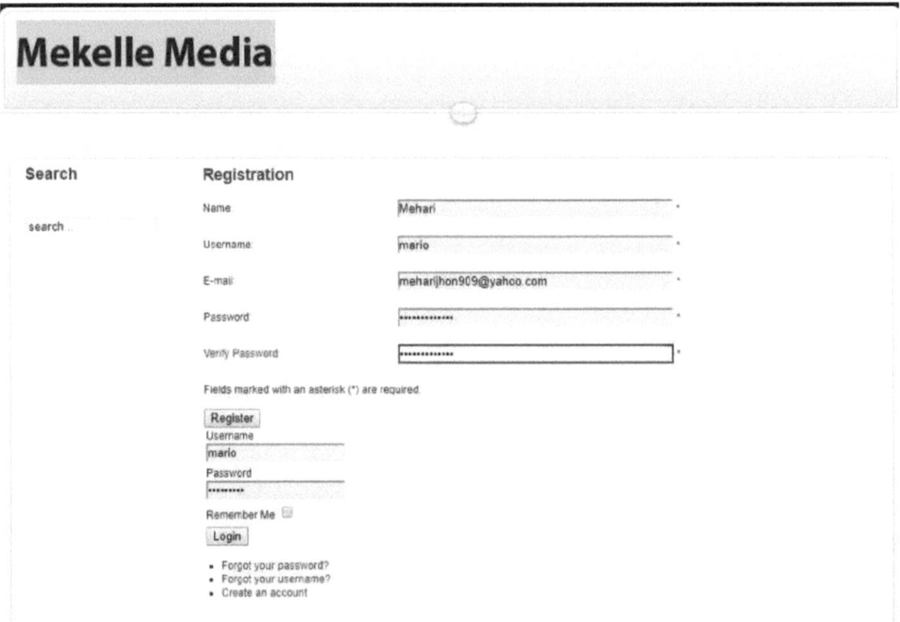

A figura8 mostra uma página que é o formulário de registo, isto significa que qualquer pessoa que não seja membro preenchendo o formulário mostrado na figura acima será um membro. No formulário de registo existem campos marcados com um asterisco (*) que devem ser preenchidos. Os utilizadores devem também ter um endereço de correio electrónico válido a fim de preencher o formulário de registo.

4.4. Representação do portal após registo

Figura 9: *Representação protópica de SMS após a criação do nome de utilizador.*

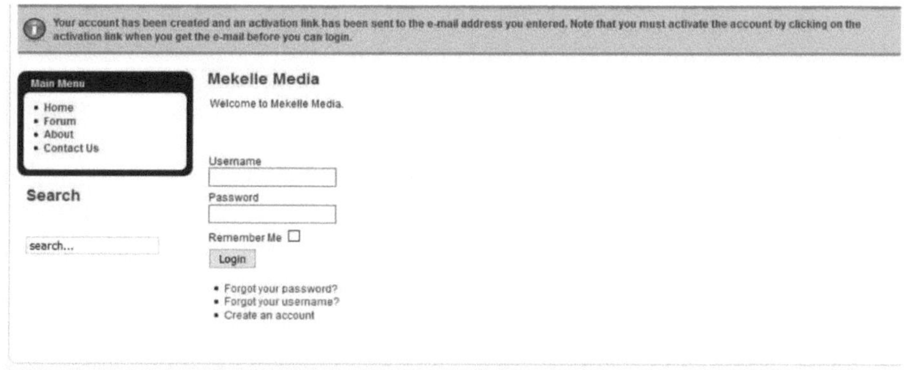

A figura9 mostra uma página depois de preenchido com sucesso o formulário de registo. Após criar uma conta, será enviada uma ligação de activação para o endereço de correio electrónico introduzido durante o registo, devendo activar a sua conta clicando na ligação de activação enviada para o seu endereço de correio electrónico antes de poderem iniciar a sessão. Após activar a sua conta, o utilizador pode simplesmente entrar no sítio utilizando o seu nome de utilizador e palavra-passe.

4.5. Representação do portal de login

Figura 10: *Representação protópica de SMS após o login.*

A figura10 indica que um utilizador após um login bem sucedido. Como mostra a figura acima, qualquer utilizador que se torne membro do site terá acesso adicional, tal como E-Library, Faculty, Institutes, Contents, External Links, Technology and Entertainment.

4.6. Representação do Portal de Múltiplos Utilizadores Online

Figura 11: *Representação protópica de múltiplos utilizadores online de SMS*

Como se mostra na figura acima11 diferentes utilizadores que entraram a partir de diferentes dispositivos. Depois de ter feito o log in com sucesso, se houver utilizadores que também fizeram o log in a partir de diferentes lugares e diferentes dispositivos, será mostrado o seu estado. Portanto, os utilizadores podem partilhar a sua ideia, qualquer informação, educacional e outras informações simplesmente uns dos outros.

4.7. Representação do portal de pesquisa

Figura 12: *Representação protópica da janela de pesquisa SMS*

A figura12 mostra a área de pesquisa, os utilizadores podem navegar ou pesquisar qualquer informação relativa ao seu interesse.

CAPÍTULO 5: RESULTADO E DISCUSSÃO

5.1. Introdução

Esta secção trata da apresentação, análise, interpretação e do quadro proposto dos dados obtidos através de questionários, entrevistas e observação. A secção é constituída por três partes. A primeira parte trata dos antecedentes dos inquiridos. A segunda parte trata da análise e do resultado do estudo. E a terceira parte trata do quadro proposto. Os dados recolhidos através dos questionários foram primeiro categorizados e ilustrados em vários quadros para facilitar a sua compreensão e depois foram utilizados vários instrumentos estatísticos para a análise quantitativa. Os dados obtidos a partir das entrevistas foram narrados e analisados qualitativamente em relação aos dados obtidos através dos questionários.

5.2. Informação de base dos estudantes

Quadro 2: *Descrição das instituições participantes*

Instituições	Tamanho da população	Sítio de amostra	Percentagem
Universidade de Mekelle (EitM)	8138	316	82.1
Instituições do Colégio Microlink IT	836	24	6.2
Colégio Universitário de Sheba	619	32	8.3
Universidade do Milénio Colégio	323	13	3.4
Total	9916	385	100

A tabela2 mostra a informação de base dos estudantes. Assim, entre os inquiridos, 316 (82,1%) dos inquiridos eram da Universidade de Mekelle, 24 (6,2%) eram do Colégio de Tecnologias de Informação Microlink, 32 (8,3%) dos inquiridos eram do Colégio Universitário de Sheba e 13 (3,4%) dos inquiridos eram do Colégio Universitário do Novo Milénio.

Figura 13: *Participantes do grupo etário*

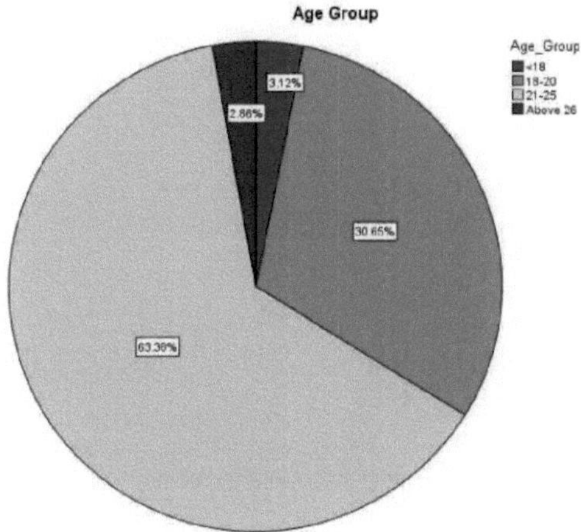

A figura acima13 mostra a faixa etária dos inquiridos e 63,38% dos estudantes relataram que têm entre 21-25 anos, 30,65% dos inquiridos têm entre 18-20 anos, 3,12% dos inquiridos têm menos de 18 anos e os restantes 2,86 anos têm mais de 26 anos.

Figura 14: *Participantes de Género*

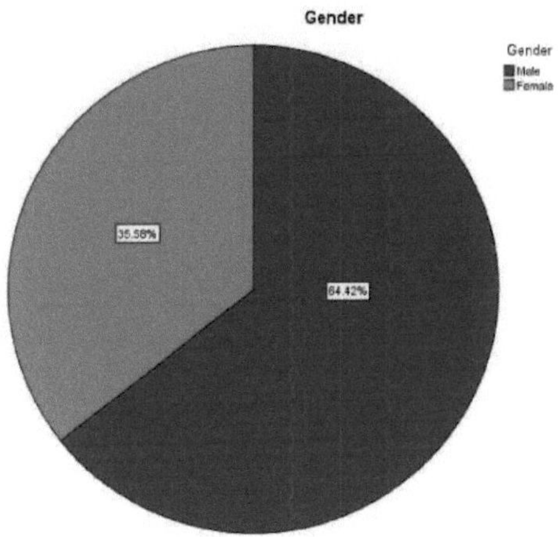

Quanto aos participantes do género, a figura 14 afirma que, 64,42% dos inquiridos eram homens e 35,58% dos inquiridos eram mulheres.

Figura 15: *Participantes do Ano da Aula*

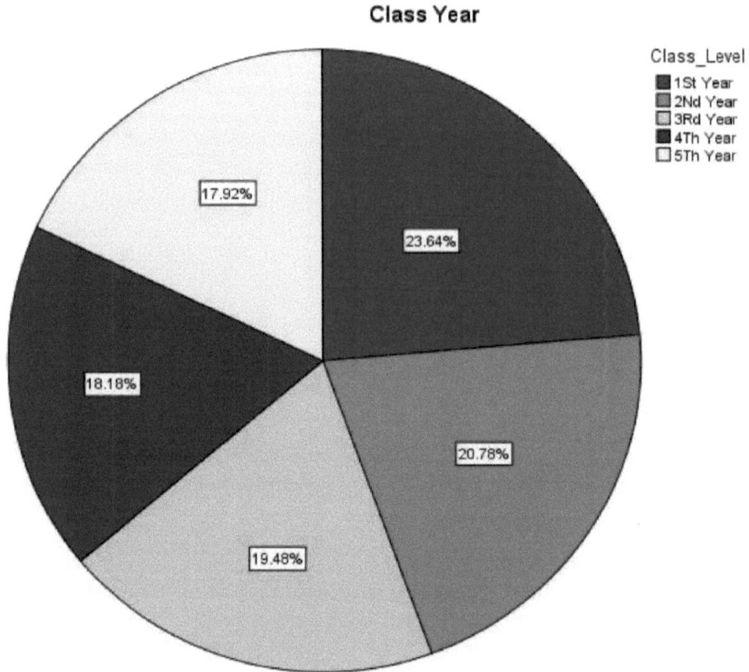

Em termos de ano escolar (23,64%) dos inquiridos eram do primeiro ano, 20,78% dos inquiridos eram do segundo ano, 19,48% dos inquiridos eram do terceiro ano, 18,18% dos inquiridos eram do quarto ano e os restantes 17,92% eram estudantes universitários do quinto ano.

5.3. Utilização de SMS pelos estudantes

5.3.1. SMS frequentemente visitados

Figura 16: *Sítios de redes sociais mais frequentemente utilizados*

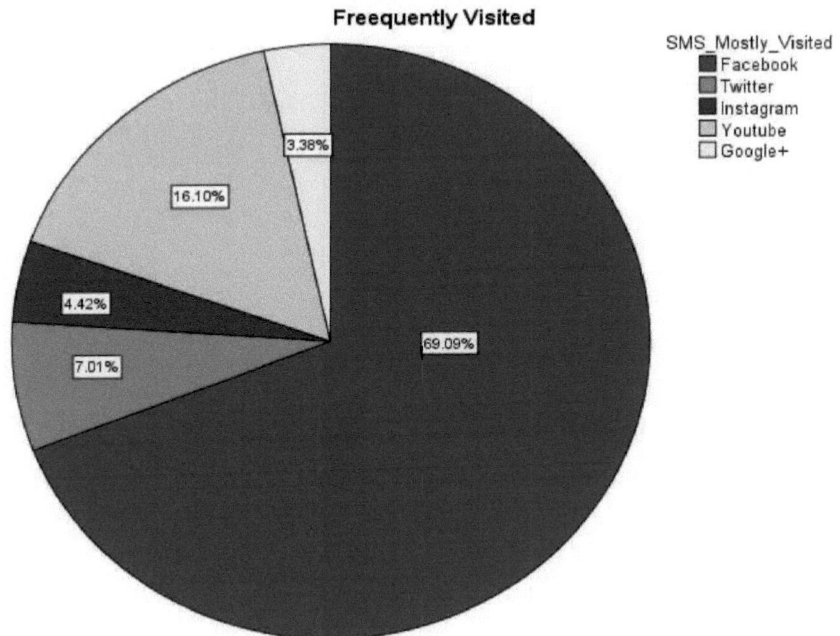

A figura 16 mostra o tipo de sítios de comunicação social que os estudantes das instituições superiores de Mekelle visitaram na sua maioria. Dos sítios de redes sociais utilizados pelos estudantes, o Facebook foi visto como o sítio mais utilizado, com 266 (69,09%) dos inquiridos a utilizá-lo. Seguiu-se o Twitter com 27(7,01%) dos inquiridos que o utilizavam, Instagram com 17 (4,42%) dos visitantes, Youtube com 62 (16,10%), e Google+ com 13 (3,38). A descoberta mostra que a maior percentagem de 69,1% dos inquiridos utilizou o site do Facebook. A popularidade dos sites de redes sociais online, especialmente o Facebook, está em constante crescimento.

Em apoio à descoberta de Andre-Michel, relatou que nos últimos meses, a maior plataforma de comunicação social a nível mundial e actualmente o website mais visitado na maior parte de África, registou um crescimento maciço no continente. O número de utilizadores africanos do Facebook ascende agora a mais de 17 milhões, contra 10 milhões em 2009. Mais de 15% das pessoas online em África estão actualmente a utilizar a plataforma [47].

5.3.2. Informação Comummente Partilhada em SMS

Figura 17: Tipo de informação comummente partilhada pelos estudantes

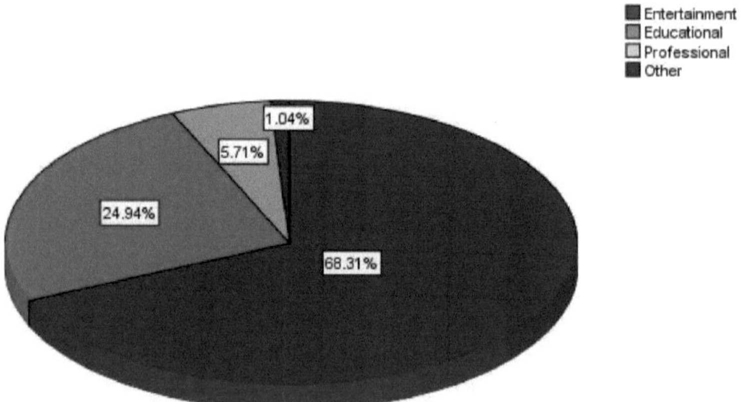

A figura17 mostra o tipo de informação que os estudantes das instituições superiores de Mekelle partilham habitualmente. Isto inclui entretenimento, educacional, profissional, e outros mencionados acima. Do número total de 385 inquiridos da amostra, 263(68,31%) dos inquiridos utilizaram SMS para fins de entretenimento, 96(24,94 %) dos inquiridos utilizaram SMS para fins educativos, 22(5,71 %) dos inquiridos utilizaram SMS para fins profissionais e 4(1,04%) dos inquiridos utilizaram SMS para outros fins. A conclusão afirma que a maioria 68,31% dos estudantes das instituições superiores de Mekelle utilizavam os sítios de comunicação social para fins de entretenimento. De acordo com as opiniões da maioria do questionário, a utilização da Internet para fins de entretenimento ocupa o tempo de estudo dos estudantes, pelo que reduz o resultado académico dos estudantes.

5.3.3. Hora de acesso aos SMS dos estudantes

Figura 18: Tempo de acesso aos sítios de redes sociais

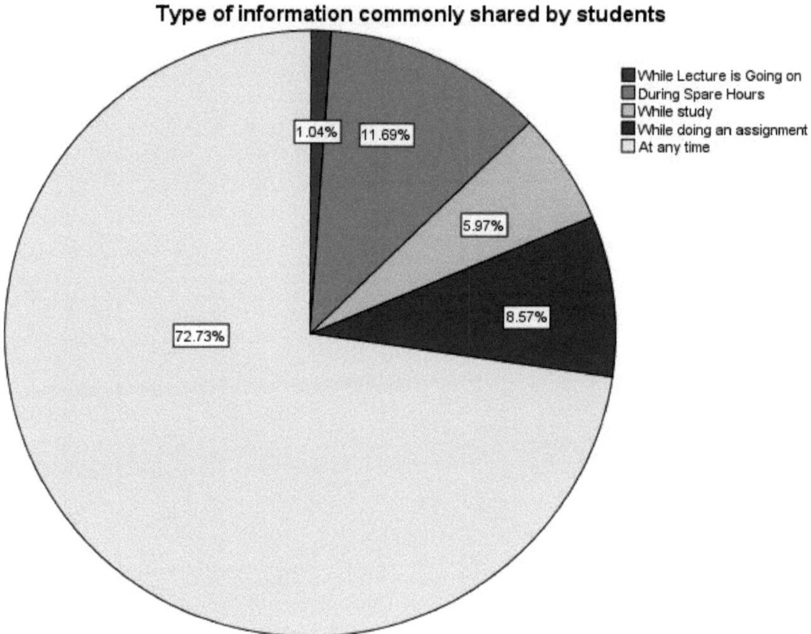

A figura acima mostra, o tempo em que os estudantes das instituições superiores de Mekelle utilizavam o site das redes sociais. Do número total de estudantes 4(1,04%) dos inquiridos utilizaram sítios de redes sociais enquanto decorriam as aulas, cerca de 45(11,69%) dos inquiridos utilizaram sítios de redes sociais durante as horas vagas, cerca de 23(5,97%) dos inquiridos utilizaram sítios de redes sociais enquanto estudavam, 33(8,57%) dos inquiridos utilizaram sítios de redes sociais enquanto faziam as suas tarefas lado a lado, cerca de 280(72,73%) dos inquiridos utilizaram sítios de redes sociais em qualquer altura desejada. O resultado mostra o maior número de estudantes ou 280(72,73%) dos inquiridos utilizaram sítios de redes sociais em qualquer altura. De acordo com as respostas dos inquiridos do questionário aberto, os estudantes utilizam SMS em qualquer altura.

5.3.4. Frequência de utilização de SMS para fins académicos

Figura 19: Média de utilização de SMS por dia para fins académicos

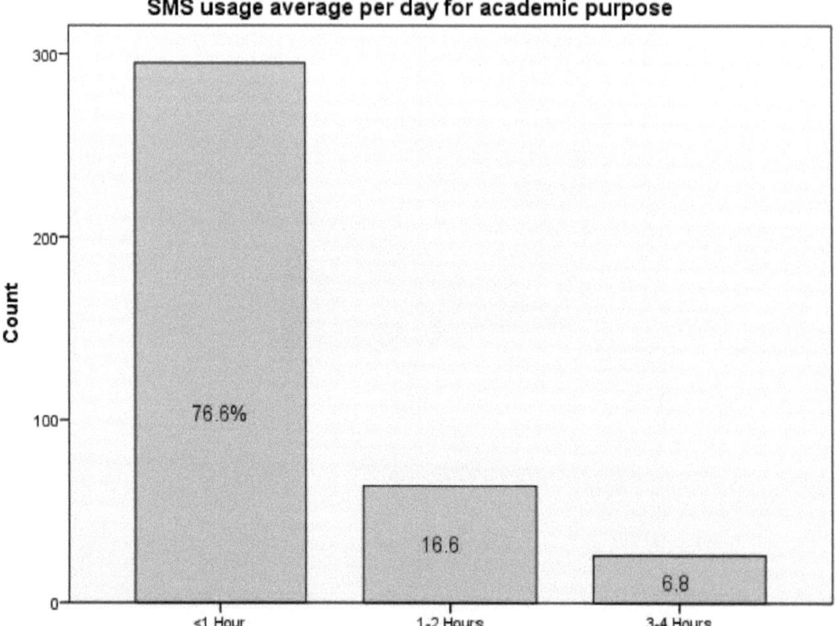

Como mostra a figura 19, 295(76,6%) dos inquiridos utilizaram SMS durante menos de uma hora por dia em média para fins educativos, 64(16,6%) dos inquiridos utilizaram SMS durante cerca de 1 a 2 horas por dia para fins académicos, 26(6,8%) dos inquiridos utilizaram SMS durante cerca de 3 a 4 horas por dia em média para fins educativos.

5.3.5. Frequência de utilização de SMS para fins não académicos

Figura 20: Média de utilização de SMS por dia para fins não académicos

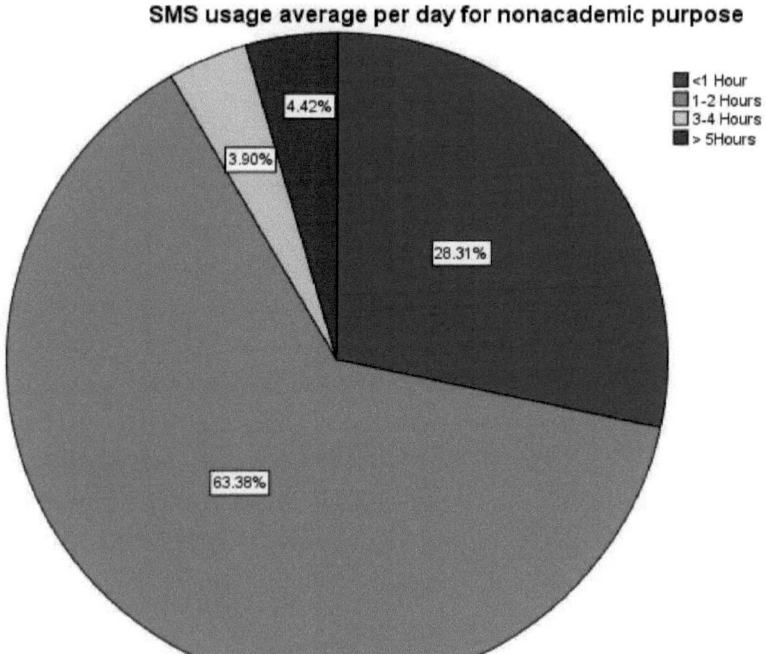

Figura20 indica que 109(28,31%) dos inquiridos utilizaram os SMS durante menos de uma hora por dia em média para uso não académico, a maioria dos inquiridos 244 (63,38%) dos inquiridos utilizaram SMS durante cerca de 1 a 2 horas por dia em média para uso não académico, 15(3,90%) dos inquiridos utilizaram SMS durante cerca de 3 a 4 horas por dia em média para o mesmo uso, 17(4,42%) dos inquiridos utilizaram SMS durante mais de 5 horas em média por dia por motivos não académicos.

5.4. Percepções dos estudantes sobre os efeitos da utilização de SMS

5.4.1. Percepção dos estudantes sobre os efeitos dos SMS

Quadro 3: Percepção dos estudantes sobre os efeitos dos SMS

Percepção dos estudantes sobre os efeitos dos SMS	Frequência	Porcentagem
Concordam fortemente	247	64.2
Concorda	96	24.9
Indiferença	18	4.7

Discordar	24	6.2
Total	385	100.0

O Quadro 3 mostra que a maioria 247(64,2%) dos inquiridos concordaram fortemente que o SMS afecta o seu desempenho académico, enquanto 96(24,9%) dos inquiridos concordaram que o SMS afecta o seu desempenho académico, dos inquiridos 18 (4,7%) indiferença que o SMS afecta o seu desempenho académico e os restantes ou 24(6,2%) dos inquiridos responderam que o SMS não afecta o seu trabalho académico. Se os estudantes o utilizarem para descarregar resultados de investigação, para discutir com os seus professores as questões relacionadas com a sua aprendizagem, descarregar vídeos educativos do YouTube e assim por diante pode afectar positivamente a aprendizagem académica dos estudantes. De acordo com a conclusão acima referida, Farkas explicou que muitos utilizadores passam quase todo o seu tempo online a visitar SMS devido às vantagens desses sítios, que incluem: permitir que as pessoas comuniquem e construam comunidade online, facilitar a sindicação através da partilha e reutilização, e capitalizar o conhecimento dos outros e ajudar as pessoas a aprender facilmente [48].

5.4.2. O objectivo para o qual os alunos utilizam SMS

Quadro 4: *Razões para a utilização de SMS na maioria dos casos*

Razões para a utilização de SMS	Frequência	Porcentagem
Para se manter em contacto com as pessoas	226	58.7
Até um pouco de tempo	83	21.6
Para fazer um comentário sobre os artigos publicados	29	7.5
Para resolver problemas sociais	7	1.8
Para descarregar/transferir música, vídeo e texto	26	6.8
para a criatividade, concepção e implementação	14	3.6
Total	385	100.0

A variável acima nesta avaliação mostra porque é que os estudantes utilizaram sítios de redes sociais. Os inquiridos puderam apontar os diferentes objectivos para os quais utilizaram o SMS. O Quadro 4 ilustra que a pontuação mais alta 226(58,7%) dos inquiridos utilizaram SMS para manter contacto com as pessoas na maioria dos casos, cerca de 83(21,6%) dos inquiridos utilizaram SMS durante algum tempo, 29(7,5%) dos inquiridos utilizaram SMS para fazer comentários sobre tems postados,7(1,8%) dos inquiridos utilizaram SMS para resolver problemas sociais. Enquanto,

26(6,8%) dos inquiridos utilizaram SMS para descarregar música/vídeos/papéis e 14(3,6%) dos inquiridos utilizaram SMS para a criatividade e design.

A descoberta indica o maior número de inquiridos 58,7% dos estudantes utilizaram sítios de meios de comunicação social para se manterem em contacto com as pessoas. Hurt *et al.*, mencionaram que o SMS permite aos estudantes fazer comunicação, a capacidade de comunicar uns com os outros num único local permite aos estudantes desenvolver conversas, quer relacionadas com o conteúdo do curso ou não. Isto aumenta a probabilidade de ter uma maior aprendizagem porque os estudantes estão a acrescentar ao diálogo para além do tópico prescrito, incluindo discussões que foram originalmente postadas por um moderador ou professor [49].

5.4.3. SMS como Ferramenta Educativa

Quadro 5: *Opinião dos estudantes relativamente à utilização de SMS como instrumento educativo*

Opinião dos estudantes sobre a utilização de SMS como instrumento educativo	Frequência	Porcentagem
Concordam fortemente	306	79.5
Concorda	57	14.8
Indiferença	15	3.9
Discordar	7	1.8
Total	385	100.0

O quadro5 mostra o acordo e desacordo dos estudantes sobre a utilização de sítios de redes sociais como instrumento de aprendizagem académica. Com base na conclusão acima referida, 306(79,5%) dos inquiridos concordaram fortemente que os sítios de redes sociais podem ser utilizados como uma ferramenta para a aprendizagem académica. 57 (14,8%) dos inquiridos concordaram que os SMS podem ser utilizados como ferramenta para a aprendizagem académica, 15 (3,9%) dos inquiridos responderam indiferença Considerando que os restantes ou 7 (1,8%) dos inquiridos acreditaram que os SMS não podem ser utilizados como ferramenta para a aprendizagem académica.

A maioria dos inquiridos 79,5% acreditava fortemente que os sítios de redes sociais podem ser utilizados como um instrumento educativo. Em apoio da conclusão acima referida, a maioria dos inquiridos de perguntas abertas encaminhou diferentes exemplos de organizações que utilizam os sítios de meios de comunicação social como meios de comunicação social educativos em conformidade, afirmaram que existem algumas organizações que fornecem gratuitamente livros, vídeos, animações e figuras educativas na Etiópia. Por exemplo, o programa Teck Talk TV da

Etiópia tem um endereço no Facebook que fornece informações, aplicações e ideias educativas gratuitas. Além disso, para fazer do SMS um meio de aprendizagem académica, os professores devem envolver-se na utilização do SMS através da organização de trabalhos e conferências online, devem envolver-se no SMS na organização do conteúdo da biblioteca sobre SMS, e os peritos em TIC devem organizar um comité que gere este tipo de assuntos.

5.4.4. SMS como ferramenta para trabalhos de casa

Quadro 6: *SMS como ferramenta para trabalhos de casa*

SMS como ferramenta para trabalhos de casa	Frequência	Porcentagem
Sim	357	92.7
Não	28	7.3
Total	385	100.0

O Quadro 6 indica que se o SMS ajudar nos seus trabalhos de casa, entre os 357 (92,7%) inquiridos responderam sim e acreditaram que o SMS pode ajudá-los a fazer os seus trabalhos de casa e os restantes 28 (7,3%) dos inquiridos responderam não que o SMS não os ajudará a fazer as suas tarefas.

5.4.5. Continuação da utilização de SMS em anos

Quadro 7: *Continuação da utilização de SMS em anos*

Continuação da utilização de SMS em anos	Frequência	Porcentagem
Menos de um ano	8	2.1
1 Ano	17	4.4
2-3 Ano	45	11.7
Mais de 3 anos	315	81.8
Total	385	100.0

O Quadro 7 mostra a continuação da utilização de SMS, onde 81,8% dos inquiridos reportaram envolvimento com as redes sociais durante mais de 3 anos, 11,7% dos inquiridos reportaram envolvimento com as redes sociais durante 2-3 anos, 4,4% reportaram 1 ano de envolvimento com as redes sociais e os restantes 2,1% dos inquiridos reportaram menos de um ano.

5.4.6. Impactos Negativos do SMS

Quadro 8: *Os efeitos negativos dos sítios de redes sociais*

Efeitos negativos ou experiências de estudantes em sítios de meios de comunicação social	Fortemente Concorda		Concorda		Indiferente		Discordar		Total	
	Freq.	%	Freq	%	Freq	%	Freq	%	Freq	%
Perda de tempo	63	16.35	86	22.33	74	19.22	162	42.1	385	100
Mau desempenho académico	72	18.7	101	26.23	99	25.72	113	29.35	385	100

Freq= Frequência

%= Percentagem

O quadro acima descreve que, a maioria dos inquiridos discordou com os impactos negativos dos sítios de redes sociais. A este respeito, cerca de 16,35% dos inquiridos médios discordam fortemente da perda de tempo, cerca de 22,33% dos inquiridos médios estavam de acordo, 19,22% dos inquiridos relataram indiferença e 42,1% discordaram. A redução no desempenho académico que têm no SMS 18,7% dos inquiridos concordaram fortemente, 26,23% concordaram, 25,72% dos inquiridos reportaram indiferença e os restantes 29,35% reportaram discordância.

5.4.7. Impactos Positivos do SMS

Quadro 9: *Os efeitos positivos dos sítios/experiência dos estudantes nas redes sociais no SMS*

Efeito positivo de Sites de redes sociais	Concordam fortemente		Concorda		Indiferente		Discordar		Total	
	Freq.	%	Freq	%	Freq	%	Freq	%	Freq.	%
Melhoria na capacidade de comunicação	89	23.11	253	65.71	24	6.24	19	4.94	385	100
Melhorar o desempenho académico	83	21.55	259	67.27	31	8.08	12	3.1	385	100
Melhoria do acesso a materiais educativos e pessoas qualificadas	71	18.44	247	64.15	38	9.88	29	7.53	385	100

Freq= Frequência

%= Percentagem

É evidente a partir da tabela9 que a maioria dos inquiridos concorda que depois de terem começado a utilizar SMS, os estudantes melhoraram a sua capacidade de comunicação, melhoraram o seu acesso a material educativo e a indivíduos educados, e cerca de 23,11% dos inquiridos médios concordaram fortemente com a experiência adquirida na melhoria da sua capacidade de comunicação, 65,71 concordaram. Em relação à melhoria do seu desempenho académico 21,55% dos inquiridos concordaram fortemente, 67,27% dos inquiridos declararam concordar, e em relação à melhoria do seu acesso a material educativo e a pessoas instruídas, 18,44% concordaram fortemente, 64,15% concordaram. Assim, é evidente que a maioria dos estudantes das instituições superiores de Mekelle concordavam que existe um efeito positivo na utilização de SMS.

5.5. Relações entre diferentes Variáveis

5.5.1. Relação entre Tempo médio gasto em SMS para Académicos e Não Académicos

Quadro 10: *Relação entre o tempo médio gasto em SMS para fins académicos e não académicos*

		Média por dia de SMS usados para não-Académicos				
		<1 Hora	1-2 Horas	3-4 Horas	> 5Horas	Total
Média por dia SMS usados para Académico						
<1 Hora	Conde	109	186	0	0	295
	Contagem esperada	83.5	187.0	11.5	13.0	295.0
	% do Total	28.3%	48.3%	0.0%	0.0%	76.6%
1-2 Horas	Conde	0	58	6	0	64
	Contagem esperada	18.1	40.6	2.5	2.8	64.0
	% do Total	0.0%	15.1%	1.6%	0.0%	16.6%
3-4 Horas	Conde	0	0	9	17	26
	Contagem esperada	7.4	16.5	1.0	1.1	26.0
	% do Total	0.0%	0.0%	2.3%	4.4%	6.8%
Total	Conde	109	244	15	17	385
	Contagem	109.0	244.0	15.0	17.0	385.0

esperada

| | % do Total | 28.3% | 63.4% | 3.9% | 4.4% | 100.0% |

Testes Qui-Quadrado

	Valor	df	Asymp. Sig. (2 lados)
Pearson Chi-Square	371.365[a]	6	.000
Rácio de Probabilidade	239.105	6	.000
Linear por Linear		1	.000
Associação	191.470		
N de casos válidos	385		

O quadro 10 revelou que a maioria 295 (76,6%) dos utilizadores de SMS para uso académico gastavam em média menos de uma hora por dia em SMS. E, pelo contrário, a maioria244 (63%) dos utilizadores de sítios de redes sociais para uso não académico gastavam em média 1-2 horas por dia em sítios de redes sociais. Isto mostra que as instituições superiores de estudantes Mekelle gastavam em média mais tempo por dia em sítios de redes sociais para uso académico do que em sítios de uso não académico. Ao contrário do resultado estatístico apresentado no Quadro 10, aqueles que utilizaram sítios de meios de comunicação social para fins não académicos eram em maior número do que aqueles que utilizaram sítios de meios de comunicação social para uso académico.

Em linha com a descoberta na tabela 10, Kimberly *et al,* (2009), sugeriram que embora os estudantes passem muito tempo a participar em actividades de redes sociais, com muitos estudantes a culparem os vários sítios de redes sociais pela sua diminuição constante nas médias de notas, também mostra que apenas poucos estudantes estão cientes das oportunidades de networking académico e profissional que os sítios oferecem. [50]

5.5.2. Relação entre os SMS normalmente visitados e o tempo médio gasto com os mesmos

Quadro 11: *A relação entre os sítios sociais que os estudantes costumam visitar e o tempo médio passado nos mesmos*

		Média por dia SMS usados para Académico			Total
		<1 Hora	1-2 Horas	3-4 Horas	
	Conde	266	0	0	266
Facebook	Contagem esperada	203.8	44.2	18.0	266.0

51

SMS Mais visitados						
		% do Total	69.1%	0.0%	0.0%	69.1%
		Conde	27	0	0	27
	Twitter	Contagem esperada	20.7	4.5	1.8	27.0
		% do Total	7.0%	0.0%	0.0%	7.0%
		Conde	2	15	0	17
	Instagram	Contagem esperada	13.0	2.8	1.1	17.0
		% do Total	0.5%	3.9%	0.0%	4.4%
		Conde	0	49	13	62
		Contagem esperada	47.5	10.3	4.2	62.0
	Youtube Google+	% do Total	0.0%	12.7%	3.4%	16.1%
		Conde	0	0	13	13
		Contagem esperada	10.0	2.2	.9	13.0
		% do Total	0.0%	0.0%	3.4%	3.4%
Total		Conde	295	64	26	385
		Contagem esperada	295.0	64.0	26.0	385.0
		% do Total	76.6%	16.6%	6.8%	100.0%

Testes Qui-Quadrado

	Valor	df	Asymp. Sig. (2 lados)
Pearson Chi-Square	543.138[a]	8	.000
Rácio de Probabilidade	450.931	8	.000
Linear por Linear Associação	331.919	1	.000
N de casos válidos	385		

Ho: a duração do tempo que os estudantes gastam em SMS não tem qualquer relação com o tipo de SMS que visitam.

H1: a duração do tempo que os estudantes gastam em SMS tem relação com o tipo de SMS que visitam. Ata = 0,05, *um* valor >P, rejeitar a hipótese nula ora =0,05, se *um* valor <P, aceitar a hipótese alternativa. O resultado do teste de chi quadrado na Tabela 11 mostra a duração do tempo que os estudantes passam em sítios de redes sociais tem dependência do tipo de sítios de redes sociais em que os estudantes se envolvem. De acordo com os dados estatísticos apresentados no Quadro 11 a > pvalue, ou 0,05 > .000, daí que o investigador rejeite a hipótese nula. Esta é a duração do tempo que os estudantes passaram nos sítios de meios de comunicação social desde que se registaram associados aos estudantes de SMS envolvidos. Em relação à descoberta estatística acima referida, o Facebook é identificado como a principal preferência dos estudantes e dos estudantes que passam muito do seu tempo nesta plataforma de meios de comunicação social, em comparação com os outros meios de comunicação social.

5.5.3. Relação entre os SMS habitualmente utilizados e o tipo de informação partilhada

Quadro 12: *Relação entre os sítios de redes sociais comummente utilizados pelos estudantes e o tipo de informação que os estudantes partilham*

		Informação Mais Partilhada				
		Entretenimento	Educação	Profissional	Outros	Total
	Conde	263	3	0	0	266
Facebook	Contagem esperada	181.7	66.3	15.2	2.8	266.0
	% do Total	68.3%	0.8%	0.0%	0.0%	69.1%
	Conde	0	27	0	0	27
Twitter	Contagem esperada	18.4	6.7	1.5	.3	27.0
	% do Total	0.0%	7.0%	0.0%	0.0%	7.0%
	Conde	0	17	0	0	17
Instagram	Contagem esperada	11.6	4.2	1.0	.2	17.0
	% do Total	0.0%	4.4%	0.0%	0.0%	4.4%
	Conde	0	49	13	0	62
Youtube	Contagem	42.4	15.5	3.5	.6	62.0

SMS Mais visitados

	esperada				
	% do Total	0.0%	12.7%	3.4%	0.0%	16.1%
	Conde	0	0	9	4	13
Google+	Contagem esperada	8.9	3.2	.7	.1	13.0
	% do Total	0.0%	0.0%	2.3%	1.0%	3.4%
	Conde	263	96	22	4	385
Total	Contagem esperada	263.0	96.0	22.0	4.0	385.0
	% do Total	68.3%	24.9%	5.7%	1.0%	100.0%

Testes Qui-Quadrado

	Valor	df	Asymp. Sig. (2 lados)
Pearson Chi-Square	602.760[a]	12	.000
Rácio de Probabilidade	516.992	12	.000
Linear por Linear Associação	316.503	1	.000
N de casos válidos	385		

Ho: O tipo de informação que os estudantes partilham no SMS não tem qualquer associação com o tipo de SMS que os estudantes visitam.

H1: O tipo de informação que os estudantes partilham no SMS tem associação com o tipo de SMS que os estudantes visitam.

a-=0,05, a>P valor, rejeitar a hipótese nula ou um 0,05, se *a*< P valor, aceitar a hipótese alternativa. A tabela 12 mostra a relação entre os SMS comummente utilizados e o tipo de informação partilhada a este respeito, o resultado do teste de chi quadrado mostra a presença de uma relação estatisticamente significativa entre os SMS comummente utilizados e o tipo de informação partilhada sobre os SMS e os sítios de redes sociais visitados pelos estudantes. Isto é 0,05>.000, daí um > *Pvalue*, rejeitar a hipótese nula. Isto significa que a informação que os estudantes partilham habitualmente sobre SMS depende dos sítios de meios de comunicação social nos quais os estudantes se envolvem. A este respeito, a maioria dos inquiridos 263(68,3%) dos estudantes utilizaram o livro face a face para fins de entretenimento.

5.5.4. Tipo de informação partilhada e em que tempo utilizam SMS

Quadro 13: *A associação entre os tipos de informação que os estudantes partilharam no SMS e a condição ou o tempo em que partilharam a informação*

Como se utilizam os SMS na maioria dos casos

		Enquanto A palestra é Continuando	Durante Reserva Horas	Enquanto estudo	Enquanto fazendo um atribuir-me nt	Em qualquer hora	Total
Monstry Shared	Entretenimento	Conde	4	45	23	33	158	263
		Contagem esperada	2.7	30.7	15.7	22.5	191.3	263.0
		% do Total	1.0%	11.7%	6.0%	8.6%	41.0%	68.3%
	Educação	Conde	0	0	0	0	96	96
		Contagem esperada	1.0	11.2	5.7	8.2	69.8	96.0
		% do Total	0.0%	0.0%	0.0%	0.0%	24.9%	24.9%
	Profissional	Conde	0	0	0	0	22	22
		Contagem esperada	.2	2.6	1.3	1.9	16.0	22.0
		% do Total	0.0%	0.0%	0.0%	0.0%	5.7%	5.7%
Informação	Outros	Conde	0	0	0	0	4	4
		Esperado Conde	.0	.5	.2	.3	2.9	4.0
		% do Total	0.0%	0.0%	0.0%	0.0%	1.0%	1.0%
		Conde	4	45	23	33	280	385

Total	Contagem esperada	4.0	45.0	23.0	33.0	280.0	385.0
	% do Total	1.0%	11.7%	6.0%	8.6%	72.7%	100.0%

Testes Qui-Quadrado

	Valor	df	Asymp. Sig. (2 lados)
Pearson Chi-Square	66.972[a]	12	.000
Rácio de Probabilidade	97.342	12	.000
Linear por Linear Associação	43.344	1	.000
N de casos válidos	385		

O Quadro 13 mostra a associação entre os tipos de Informação partilhada em SMS e a duração do tempo desde que os estudantes se registaram.

Ho: O tipo de informação partilhada no SMS não tem qualquer associação com a duração do tempo decorrido desde a inscrição dos estudantes.

H1: O tipo de informação partilhada no SMS tem associação com a duração do tempo decorrido desde a inscrição dos estudantes.

O resultado do teste chi square (χ^2) mostra a existência de uma relação estatisticamente significativa entre o tipo de Informação partilhada no SMS e a condição ou o tempo em que partilharam a informação.

Assim, de acordo com o resultado do Quadro 13 a 0,05, *a*> Pvalue, ou 0,05>0,00, o investigador rejeita a hipótese nula. Isto significa que o tipo de informação que os estudantes partilham sobre SMS depende da condição ou do tempo em que partilharam a informação.

5.6. Entrevistas com estudantes

Dos 385 estudantes a completar o inquérito, onze voluntariaram-se para participar numa entrevista alargada. Nas entrevistas aos estudantes, o investigador explorou ainda mais as percepções dos estudantes sobre o papel desempenhado pelas redes sociais na aprendizagem dos estudantes, pedindo exemplos específicos das formas como as redes sociais apoiaram (ou não apoiaram) o estudante no processo de aprendizagem.

Os estudantes responderam de forma diferente sobre a forma como vários meios influenciaram os seus processos de aprendizagem, dependendo do tipo de meios utilizados. Além disso, os estudantes notaram que era difícil separar a actividade de aprendizagem dos meios de comunicação que apoiavam a actividade.

A utilização activa das redes sociais foi vista como encorajadora de um pensamento mais profundo, com um estudante a afirmar que a utilização das redes sociais 'obrigou-me a processar conteúdos e depois a exprimi-los em várias formas textuais e visuais'. E dois outros estudantes relataram que a utilização das redes sociais os obrigava a reflectir e a avaliar as preferências pessoais de aprendizagem. Outros estudantes descobriram que os meios de comunicação social ajudaram a melhorar a comunicação. Os estudantes não só utilizaram os meios de comunicação social para completar as suas actividades de aprendizagem, mas também para apoiar o próprio processo de aprendizagem. Um estudante comentou:

Ao longo da aula, utilizei as redes sociais para me ligar aos meus colegas de turma fora da aula. Comuniquei com os meus colegas de turma via Facebook e twitter. Trocámos conhecimentos sobre a aula, recomendámos sites e ferramentas, e guiámo-nos mutuamente através da utilização das redes sociais. Foi maravilhoso ter esta rede activa de estudantes para comunicar com e apoiar durante toda a aula. As questões de privacidade dos estudantes também podem ser uma preocupação, como disse um estudante:

Orientação para a incorporação das redes sociais Com base no feedback de quem participou neste questionário, nas entrevistas de acompanhamento e na observação, podem ser dadas as seguintes orientações para a utilização das redes sociais na aprendizagem académica:

- Plano para possíveis lacunas no nível de capacidade do aprendente; por exemplo, oferecer apoio ao aprendente e mais recursos informativos.

- Estar preparado para estudantes que se opõem fundamentalmente às redes sociais devido a questões de privacidade.

- Se os estudantes já tiverem criado contas pessoais nos meios de comunicação social e preferirem não partilhar informações pessoais utilizando essas contas, encoraje-os a criar e-mails apenas para fins académicos.

- Atribuir tempo para a gestão da utilização das redes sociais e estar preparado para passar um tempo significativo a acompanhar a actividade estudantil.

- Incorporar actividades que sejam relevantes e aplicáveis aos ambientes de trabalho actuais e futuros do estudante.

- Esforçar-se por estabelecer competências e desenvolver capacidades, proporcionando aos estudantes oportunidades de utilizar os meios de comunicação social de formas novas e originais que estejam relacionadas com as actividades de aprendizagem que estão a realizar.

5.7. Enquadramento do Envolvimento dos Estudantes em Sites de Redes Sociais

A figura 21 mostra o quadro proposto de Engajamento Estudantil em SMS que descreve os principais temas emergentes e as relações entre eles, identificadas através do questionário, Observação e entrevistas. Cada um dos temas principais é discutido em pormenor nesta secção.

Instituições

Os resultados indicaram que o papel do programa académico ou da instituição na utilização académica dos SMS é importante. A oferta de formação e de um quadro político foi geralmente reportada como a responsabilidade institucional.

Desde que as instituições de ensino superior visem integrar os meios de comunicação social nos sistemas educativos, seja em cursos presenciais, online ou híbridos, a política é importante neste contexto para especificar os produtores e papéis relevantes. Sugere-se a existência de uma política que considere o trabalho em algumas actividades sobre meios de comunicação social como parte das actividades de avaliação dos cursos. Embora os sítios de redes sociais forneçam uma variedade de características interactivas que podem ser utilizadas para a educação, os estudantes precisam de as conhecer e se algumas características forem destacadas e explicadas aos estudantes, estes serão mais facilmente motivados a trabalhar academicamente nas redes sociais.

Faculdade

Os estudantes relataram que o papel do corpo docente é essencial para promover o envolvimento dos estudantes em SMSs para fins académicos. Alguns respondentes identificaram o importante papel do corpo docente na promoção do envolvimento estudantil através das tecnologias dos meios de comunicação social.

Para além da importância do envolvimento e participação do corpo docente para motivar os estudantes do ensino superior a interagir e comunicar nas redes sociais para fins académicos, foram também relatados como motivos para a comunicação académica e interacção entre o corpo docente e os estudantes. Pode concluir-se que o papel do corpo docente é vital para induzir o envolvimento dos estudantes em SMSs sob diferentes perspectivas, quer em termos do seu apoio e encorajamento à utilização destas tecnologias para orientar o interesse dos estudantes para o uso académico de SMSs, quer em termos de participação e envolvimento académico activo com os seus estudantes em SMSs, ou em termos de fornecimento de conteúdos relevantes, bem como de introdução de actividades académicas para os seus estudantes através destas tecnologias.

Tecnologia

Os estudantes relataram que as actuais características dos Social media são interactivas, personalizadas e fáceis de utilizar para partilhar recursos académicos, e para a comunicação e interacção académica. Contudo, para uma utilização académica eficaz, foi relatado que estas características são boas com algumas limitações. Alguns estudantes relataram que a razão para o baixo nível de envolvimento dos estudantes com as redes sociais nas actividades académicas é que os estudantes estão à espera de características pedagógicas académicas mais adequadas aos propósitos académicos.

Além disso, os estudantes relataram que esperavam mais recursos nas redes sociais para facilitar o processo e as actividades de ensino e aprendizagem. As actuais características tecnológicas das redes sociais têm um grande potencial para apoiar o envolvimento e a aprendizagem dos estudantes, contudo, alguns dos inquiridos perderam características de apoio aos aspectos académicos, que podem atrair o interesse dos estudantes em utilizar as redes sociais como uma ferramenta educacional e motivá-los a um maior envolvimento para fins académicos. As motivações tecnológicas podem ser compreendidas de duas perspectivas: interna e externa. Os factores internos descrevem a medida em que as características tecnológicas dos meios de comunicação social são adequadas para fins académicos. Estas características incluem características de gestão de conteúdos, características de comunicação, características de áudio e vídeo, e mais opções para a gestão de definições de privacidade. O interesse dos estudantes em utilizar os SMS para fins educativos será afectado pela medida em que as características dos SMS são capazes de apoiar as suas necessidades académicas, bem como por outros factores externos que são referidos nesta investigação como o apoio técnico global fornecido pela instituição académica para gerir as redes WiFi e outros serviços da Internet.

Colegas

O apoio e envolvimento de pares foram considerados essenciais para motivar os estudantes a estarem altamente envolvidos no uso académico dos SMSs. Foi noticiado que o Facebook facilita a discussão e partilha entre pares e há uma oportunidade de obter rapidamente feedback dos outros, especialmente dos colegas de turma, uma vez que "todos estão lá". Os resultados revelam que os estudantes passariam mais tempo a interagir e a comunicar com aqueles que estão activos nas redes sociais, dispostos a partilhar e dar feedback, a actualizar frequentemente o seu estatuto em relação às actividades académicas, a participar nas discussões académicas, e a responder a outras perguntas. Além disso, o papel do corpo docente em iniciar actividades de aprendizagem sobre SMSs é essencial, uma vez que facilita os processos de comunicação entre os participantes sobre SMSs e facilita as actividades entre os participantes.

Conteúdo

A frequente divulgação de actualizações com conteúdos relevantes, organizados, autênticos e engenhosos é o que os estudantes sugeriram que os ajudaria a investir mais tempo em actividades académicas nas redes sociais. Os estudantes seriam encorajados se houvesse páginas e grupos de meios sociais criados e actualizados frequentemente com conteúdos relevantes que estejam relacionados com um curso específico ou que os ajudem a resolver os seus problemas. Conteúdos actualizados, informativos, autênticos e relevantes para um curso específico ou um problema particular de investigação motivarão os estudantes a passar mais tempo a utilizar os meios de comunicação social para fins académicos, incluindo investigação e actividades relacionadas com cursos. A partilha de conteúdos com estas características é uma responsabilidade partilhada entre o corpo docente e os colegas de modo a manter a actualização e a partilha de materiais úteis e com muitos recursos.

Interesse

Nesta pesquisa, os resultados revelam que o interesse do estudante é importante em relação aos motivos de envolvimento do estudante no contexto dos meios de comunicação social. Em resposta à pergunta "Porque passa menos tempo para fins académicos no Facebook", um dos inquiridos relatou: "Eu decidi que o Facebook é para eu socializar com amigos e familiares, por isso, quando se trata de trabalho académico, tenho tendência a usá-lo quando o quero usar". Outro estudante respondeu: "Considero que o Facebook é para meu prazer". No entanto, quanto mais tempo for gasto em actividades não académicas, mais o tempo disponível será afectado em actividades académicas e, consequentemente, afectará negativamente o desempenho académico dos estudantes. Tal como relatado por um dos mesmos inquiridos que sugeriu que o Facebook era para divertimento e não para fins académicos: "Utilizo o Facebook para fins sociais mais do que académicos, e isto afectou realmente o meu desempenho académico". Isto apoia a proposta desta pesquisa de que vale a pena investigar o que poderia influenciar o interesse dos estudantes, bem como o seu envolvimento efectivo e utilização de SMSs para actividades académicas, em vez de sugerir que os estudantes não deveriam utilizá-lo. De facto, recomenda-se a educadores e investigadores que investiguem formas de tornar a experiência académica no Facebook mais agradável.

Figura 21: *Quadro de Engajamento dos Estudantes em Sites de Meios de Comunicação Social [Adoptado a partir de 25]*

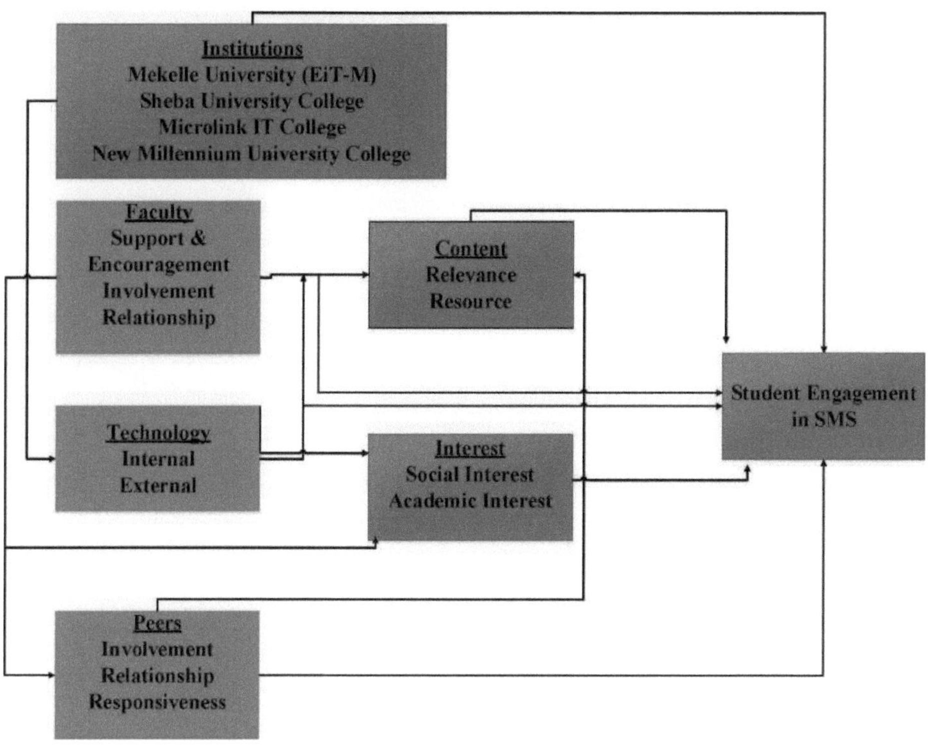

Institutions
Mekelle University (EiT-M)
Sheba University College
Microlink IT College
New Millennium University College
Faculty
Support &
Encouragement
Involvement
Relationship
Content
Relevance
Resource
Technology
Internal
External
Interest
Social Interest
Academic Interest
Peers
Involvement
Relationship
Responsiveness
Student Engagement
in SMS

CAPÍTULO 6: CONCLUSÃO E RECOMENDAÇÃO

6.1. RECOMENDAÇÃO

A recomendação principal é que a utilização de SMS para fins educativos deve ser melhorada nas instituições superiores. Podem existir diferentes abordagens metodológicas que podem ser usadas como prioridade grupos de estudo, comunidades, e fóruns. As actividades de ensino e aprendizagem devem ser encorajadas, uma vez que a maioria dos estudantes das instituições superiores tem acesso à Internet através dos seus próprios computadores, computadores portáteis ou smart phones. As instituições superiores devem dar uma orientação regular aos estudantes sobre o uso adequado e académico do SMS. Isto porque, se os estudantes receberem orientação e sensibilização sobre o uso responsável dos SMS: pode ser utilizado como uma fonte de conhecimento académico. As instituições devem orientar os estudantes para que aprendam a gerir correctamente o seu tempo, utilizar os sítios de redes sociais mais para uso académico do que para entretenimento.

É óbvio que o Facebook é o meio de comunicação social mais utilizado e popular entre os estudantes, por isso é uma sugestão que as actividades baseadas nos meios de comunicação social do Facebook podem ser altamente bem sucedidas com uma melhor participação dos estudantes. Os estudantes e o pessoal académico devem receber formação sobre como utilizar eficazmente as tecnologias dos meios de comunicação social nos estudos. A autoridade superior das instituições deveria, portanto, organizar conferências, seminários e workshops que melhorem o conhecimento baseado em como utilizar as Mídias Sociais para o processo de ensino e aprendizagem.

É evidente que o Facebook é o meio de comunicação social mais utilizado e popular entre os estudantes, por isso é uma recomendação que as actividades baseadas nos meios de comunicação social do Facebook podem ser muito frutuosas com uma melhor contribuição dos estudantes. Os estudantes e o pessoal académico devem ser formados sobre como utilizar eficazmente as tecnologias dos meios de comunicação social nos estudos. A autoridade superior das instituições deveria, portanto, organizar conferências, seminários e workshops que melhorassem a sensibilização com base em como utilizar as Mídias Sociais no processo de ensino e aprendizagem. Uma vez que as Mídias Sociais podem beneficiar tanto o instrutor como o estudante, disponibilizando um maior número de estilos de aprendizagem, as instituições devem fornecer aulas como alternativa ao formato tradicional de aulas, criando uma comunidade de aulas online, e aumentar a interacção professor-aluno e estudante-aluno, de modo a orientar o estudante a fazer uso destes sítios em tal distância.

Entretanto, o tempo gasto em SMS, e o tipo de informação partilhada sobre SMS depende do tipo de SMS utilizado pelos estudantes, as instituições devem classificar o SMS que tem mais características educativas do que entretenimento, depois sugerir aos estudantes que gastem mais tempo com ele para melhorar o intercâmbio de informação educativa entre estudantes e outros. As instituições devem ensinar aos estudantes o efeito negativo da utilização de sítios de meios de comunicação social para fins de entretenimento em segundo plano enquanto decorre a aula ou enquanto se estuda. É necessário que os estudantes aprendam a gestão do tempo e atribuam um período de tempo específico a cada tarefa que precisam de realizar, e os estudantes devem sempre reservar um tempo especial para a utilização dos SMSs. Os investigadores acreditam que o uso adequado dos SMSs aumentaria o desempenho académico dos estudantes

Fazer com que a instituição tenha os seus próprios sites de mídia social especialmente no Facebook, uma vez que o Facebook é o site de mídia social mais amplamente utilizado pelos estudantes da instituição superior Mekelle. As instituições devem construir a sua própria conta de sítios sociais em ligação com os seus materiais educativos baseados na instituição, como os sítios Web das escolas. Criar o catálogo da biblioteca e incorporar a caixa de pesquisa do catálogo da biblioteca no seu alcance no Facebook. As instituições devem criar um comité para a gestão de questões relacionadas com a utilização de sítios de meios de comunicação social.

Fazer com que as instituições SMS estejam ligadas a outra(s) instituição(ões) irmã(s) Endereço SMS dentro e fora do país e deixar que os estudantes façam discussões em linha sobre os efeitos da utilização de sites de comunicação social e outros assuntos académicos com eles.

Organizar sítios de redes sociais criativas com base na instituição, utilizando a fase de competição na instituição para permitir aos estudantes utilizar SMS para criatividade, bem como para fins educativos, os professores devem dar tarefas e materiais de referência em sítios de redes sociais, isto pode ser feito para que os estudantes se familiarizem com a utilização de sítios de redes sociais para fins académicos. Académicos tais como professores, directores, bibliotecários, outras pessoas e organizações interessadas devem utilizar sítios de meios de comunicação social para promover o processo ensino-aprendizagem.

6.1.1. Integração Eficaz das Redes Sociais na Educação

A integração adequada de redes sociais na educação, ajudará efectivamente de uma forma benéfica, mutuamente para a aprendizagem. Com a implementação do projecto, as redes sociais desempenharão um papel importante. Os estudantes não só poderão convergir numa sala de aula, como também interagir massivamente através de plataformas de e-Learning. Desta forma, os debates e outras actividades de aprendizagem serão melhor alcançados através de redes sociais. Sensibilização suficiente para a utilização das TIC, para o e-learning e para as redes sociais fará com que a Etiópia se esforce mais para melhorar a educação, contribuindo assim muito para o desenvolvimento do país na era da informação.

6.2. CONCLUSÃO

As tecnologias de informação e comunicação deram importantes contributos para as nossas estruturas sociais, económicas, educativas e políticas. Esta tese centra-se na participação no SMS e no desempenho académico em instituições superiores da cidade de Mekelle. O estudo tentou examinar a utilização de SMS nas instituições superiores seleccionadas que são, a Universidade de Mekelle (EiT-M) que é propriedade do governo, e os restantes propriedade de proprietários privados nomeadamente o Colégio de Tecnologias de Informação Microlink, o Colégio Universitário de Sheba e o Colégio Universitário do Milénio.

É uma comunidade muito grande que utiliza a Internet para pura educação, mas infelizmente, temos também um número muito grande de pessoas, incluindo a maioria dos jovens e adolescentes que utilizam a Internet apenas para meios de comunicação social.

O estudo tentou responder às seguintes perguntas,

-       Como é que os estudantes das instituições superiores da cidade de Mekelle utilizam os Sites de Meios de Comunicação Social?

-       Porque é que os estudantes utilizam os Sites de Redes Sociais?

-       Como é que a utilização de Sites de Redes Sociais afecta o desempenho académico dos estudantes?

-       Como os Sites de Redes Sociais podem ser utilizados como ferramenta para o processo de aprendizagem do ensino académico?

A fim de realizar as perguntas específicas da investigação, foram recolhidos dados qualitativos e quantitativos de uma amostra de utilizadores de SMS de instituições superiores da cidade de Mekelle e do investigador entrevistado, peritos em TIC e perito do ISP (Ethio Telecom), considerando propositadamente o papel que estes indivíduos podem desempenhar neste estudo e depois analisaram os dados através de estatísticas descritivas, tais como, percentagem, tabulação cruzada, e frequência. A descoberta mostra que a maioria dos inquiridos estava a utilizar Sites de Redes Sociais registados no Facebook e abrangia 69,1%.

O grande número 63,4% dos utilizadores de SMS utilizam para fins não académicos e gastam em média 1-2 horas por dia e 76,6% dos utilizadores de SMS utilizam para fins académicos e gastam em média menos de uma hora por dia em SMS. Além disso, 68,3% dos inquiridos utilizam SMS para fins de entretenimento e 24,9% dos inquiridos utilizaram SMS para fins educativos. Isto mostra que as instituições superiores da cidade de Mekelle utilizavam SMS para divertimento e para manter o contacto com as pessoas.

O estudo declarou que os estudantes utilizaram SMS para fins académicos cerca de 24,9% das instituições superiores da cidade de Mekelle, para além dos estudantes que utilizam Sites de Meios de Comunicação Social para fins académicos passaram mais tempo em Sites de Meios de Comunicação Social do que aqueles que não utilizam Sites de Meios de Comunicação Social para fins académicos. Isto indica que os estudantes começaram a utilizar os recursos de SMS para fins académicos. Portanto, a sua utilização pode ajudar a aumentar a sua aprendizagem académica e ajudá-los a produzir conhecimento a partir de Sites de Mídias Sociais, estando algures na rede. A descoberta indica que a maior percentagem ou 94,3% dos estudantes concordaram que os SMS podem ser utilizados como ferramenta para a educação.

Os SMS proporcionam uma variedade de oportunidades pedagógicas para ajudar o envolvimento e a aprendizagem dos estudantes, contudo, a utilização para fins académicos é ainda significativamente limitada e ainda não se sabe muito sobre os motivos dos estudantes para dedicar mais tempo e esforço às actividades académicas sobre estas tecnologias sociais. Com base num questionário aprofundado, entrevistas e observação com estudantes que tinham praticado a utilização das redes sociais para fins sociais e académicos, foi proposto um quadro inicial nesta pesquisa que integra os temas iniciais e constrói o envolvimento dos estudantes no contexto das redes sociais.

Portanto, foi identificado que nas instituições superiores da cidade de Mekelle não existia uma conta oficial do Sítio de Meios de Comunicação Social que pudesse ser utilizada para a educação dos recursos escolares. No entanto, os estudantes necessitam da existência da conta de Meios de Comunicação Social baseada na web nas suas instituições. Isto porque os estudantes desejavam informar-se sobre a informação da instituição, e por sua vez utilizar o SMS como meio para o processo de aprendizagem do ensino académico.

Além disso, os estudantes acreditavam fortemente que o SMS pode ser utilizado como uma ferramenta para fins académicos. Isto pode ser feito através do envolvimento de peritos em TIC, na organização de trabalhos e conferências online, através da organização do conteúdo da biblioteca sobre SMS.

6.3.CONTRIBUIÇÃO

A principal contribuição desta tese é fornecer uma visão geral de um quadro para os Sítios de Meios de Comunicação Social na cidade de Mekelle e desviar os estudantes do acesso aos SMS para fins educativos e profissionais, em vez de entretenimento. Criar uma consciência para os estudantes das instituições superiores da cidade de Mekelle de utilizarem o SMS para fins educativos e fazer do

SMS uma ferramenta para o ensino do processo de aprendizagem. No que diz respeito ao artigo, tais trabalhos relacionados não foram feitos, portanto, este artigo será uma referência para outros investigadores.

6.4. INVESTIGAÇÃO FUTURA

Este estudo deu respostas úteis a muitas questões, mas ao longo do estudo houve outras questões que se abriram e, claro, há sempre coisas que podem ser melhoradas. O alvo para este estudo foram estudantes de quatro instituições superiores. A fim de obter resultados ainda melhores, recomenda-se ter um alvo maior de grupo de preferência em diferentes cidades e regiões e diferentes universidades.

REFERÊNCIA

[1]   Comunicados de imprensa. "Etiópia: Meios de comunicação social e sites de notícias bloqueados pelo governo para impedir protestos". [Online].   Disponível   em: https://www.amnesty.org.uk/press-

lançamentos/ethiopia-social-media-e-news-websites-bloqueados-governo-previstos-protestos. (2017)

[2]   "MilleniumCities   Initiative".   Mekelle,   Ethiopia". [Online]. Disponível:

http://mci.ei.columbia.edu/millennium-cities/mekelle-ethiopia/

[3]   Napoleão, "O efeito dos sítios de redes sociais no desempenho Acadâmico dos estudantes na Universidade Girne America, North CyPrus. OZan Ormeci makaleler" (Ozan Ormeci Articles) 2013.

[4]   Duggan, M., Brenner, "*The Demographics of Social Media Users 2012*, Pew Internet & American   Life   Project".   Disponível: (www.pewinternet.org/Reports/2013/Socialmedia-users.aspx,). Acesso em 20 de julho,2014.

[5]   STEININGER, D. M., HUNTGEBURTH, J. e VEIT, D. "A systemizing research framework for Web 2". 2011

[6]   Cheong,   H., & Morrison,   M. "A confiança dos consumidores na produção de informação
        e

recomendações encontradas na UGC". Journal of Interactive Advertising, 8(2), 1-29. 2008

[7]   Jibat,T. "Ethiopia": IsFacebook   Advantageous?". [Online]. Disponível : http://allafrica.com/stories/201210190157.html. (Acesso em 28 de Outubro de 2014).

[8]   Harry, H. "Inquérito sobre as TIC e a educação em África: Relatório do País da Etiópia ". [Online]. Disponível:www.infodev.org/en/Document.402.pdf). Acesso em 15 de Outubro de 2013.

[9]   Boyd, D. e Ellison N. "Sites de redes sociais": Definição, história, e bolsa de estudo". Journal of Computer-Mediated Communication, 13(1), 210-225.2007

[10]   Grupo de Tecnologia Humana Avançada. "Social Media Strategy Framework" [Online]. Disponível: http://ahtgroup.com/services/social-media-strategies/. 2015.

[11]   Raut,V. e Patil, P., " Uso das Mídias Sociais na Educação: Impacto positivo e negativo sobre os estudantes. International Journal on Recent and Innovation Trends in Computing and

Communication p.281" [Online]. Disponível :" http://www.ijritcc.org/download/conferences/ICRRTET_2016/ICRRTET_Track/14552 61816_12-02-2016.

[12] Kramer, R., Gamez, E. e Santillan, G. "Educational use of Facebook in higher education environments: current practices and guidelines. México". [Online],

Disponível:https://www.researchgate.net/publication/279914184 Uso educativo do Fa cebook em ambientes de ensino superior práticas e directrizes actuais. "2015.

[13] Ktoridou, D., Stavrides, I. e Michaelidis, M. "Facebook - uma ferramenta de rede social para fins educativos: Desenvolvimento de grupos de interesse especial, Chipre: ICICTE 2012 Proceedings, p.366. [pdf]". [Online]".

Availab le: http://www.icicte.org/Proceedings2012/Papers/09-2-Eteokleous.2012.

[14] Deng, L. e Tavares, N. J. "From Moodle to Facebook: Exploring Students' Motivation and Experiences in Online Communities". *Computadores e Educação, 68*, 167-176. 2013.

[15] Tiene, C. D. "Discussões Online": A Survey of Advantages and Disadvantages Compared to Face-to-Face Discussions" *Journal of Educational Multimedia and Hypermedia, 9*(4), 371-384.2000.

[16] Asad, S., Abdullah-Al-Mamum M. D. e Clement, C. "The Effect of Social Networking Sites to the Lifestyles of Teachers and Students in Higher Educational Institutions". *International Journal of Basic and Applied Sciences, 1*(4), 498-510. 2012.

[17] Salvation, M. e Adzharuddin, N. A. "The Influence of Social Network Sites (SNS) upon Academic Performance of Malaysian Students". *International Journal of Humanities and Social Sciences, 4*(10), 131-137. Recuperado em 4 de Dezembro de 2014.

[18] Enríquez, A.". Facebook and other online social networking sites can lower Grades, Study". [Em linha]. Disponível. Http: // seerpress.com/facebook-and-other-online-social- networki - sites- can- lower-gradesstudy-says/6935/. Acesso em 20 de Setembro de 2013.

[19] Kimberly, B .,Charles, A, B ., Nicole, A, C ., Sittie ,N, D ., Gemeile, A ,L Abril, ikka, U,T. "Os sítios de redes sociais afectam negativamente o desempenho académico de cada um". [Em linha]. Disponível. http://www.scribd.com/doc/28919575/SOCIAL-NETWORKING-SITES-, 2009. Acessado a 18 de Janeiro de 2013.

[20] Ishfag, A. e Tehmina, F. "A look out for academic impacts of Social networking sites a student-based perspective". African Journal of Business Management, 5(12), 50225031. 2011.

[21] Tiamiyu, M. A., e Aina, L. O. "Information and knowledge management in the Digital

society: an African perspective. In: Aina, L. O. (ed.) Informação e gestão do conhecimento na era digital: conceitos, tecnologias e perspectivas africanas. Ibadan" Serviços de Informação do Terceiro Mundo. pp.14. 2008.

[22] Hurt, N. E., Moss, G. S., Bradley, C. L., Larson, L. R., Lovelace, M. D., Prevost, L. B., Camus, M. S. 2012. "O efeito 'Facebook': A percepção dos estudantes universitários das discussões em linha na era das redes sociais". International Journal for the Scholarship of Teaching and Learning .6(2),1-24 2012. [Online] Disponível.

http://academic.geogiasouthern.edu/ ijsoltl/v6n2.html. Acesso em 22 sep,2013.

[23] Dawson, S. "A study of the relationship between student social networks and sense of community". Educational Technology & Society, 11(3), 224-238.2008.

[24] Melissa,j. "Desempenho académico". [Online]. Disponível. http://www.ehow.com/about 4740750define-acadamic performance.html?ref=track2&utm source=ask).Acesso em 20 de Julho,2014.

[25] Abdulsalam K. Alhazm, Azizah Abdul Rahman "um quadro para o envolvimento de estudantes em sítios de redes sociais".

[26] Mazman, S.G., e Usluel, Y.K. "Modelelling Educational Usage of Facebook. Computers & Education" Vol. 55 (2010).

[27] Greenhow, C. "Online Social Networks and Learning". On the Horizon". Vol. 19, No. 1 (2011).

[28] Truckman, B. W. "Measuring Educational Outcome". New York, Harcourt BruceJovanvich". 1975.

[29] Waqas Tariq, Madiha Mehboob, M. Asfandyar Khan e FaseeUllah "The Impact of Social Media and Social Networks on Education and Students of Pakistan". IJCSI International Journal of Computer Science Issues, Julho de 2012, Vol. 9, P 407-411.

[30] Maeve Duggan, Joanna Brenner," The Demographics of Social Media Users", Pew Research Center, Fev 2013, P. 1-14. 2012.

[31] Abbas Foroughi, "UM QUADRO DE INVESTIGAÇÃO PARA AVALIAR A EFICÁCIA DA IMPLEMENTAÇÃO DOS MÉDIOS SOCIAIS NA EDUCAÇÃO SUPERIOR". Online Journal of Workforce Education and Development, Vol 1, P 112. 2011.

[32] Tarek A. El-Badawy & Yasmin Hashem "The Impact of Social Media on the Academic Development of School Students". Jornal Internacional de Administração de Empresas. Vol. 6, No. 1, P 46-52.2015.

[33] Samuel Asare, Kojo Osei Frimpong " The effects of social networks on the academic performance of the Ghanaian student ", International Journal of Research in IT & Management , Junho 2016, Vol 6, Issue 6, P 55-68.

[34] Yirga Yayeh, "The Impact of Social Media's on Technology Students in Assosa University, Ethiopia", The International Journal Research Publication's Research Journal of Science & IT Management, Setembro 2015 Vol 04, P 16-20.

[35] Saba Mehmood, Tarang Taswir "The Effects of Social Networking Sites on the Academic Performance of Students in College of Applied Sciences, Nizwa, Oman" International Journal of Arts and Commerce, Vol. 2 No. 1, p 111-125. Janeiro de 2013

[36] Kaplan WA. "Pode o poder omnipresente dos telemóveis ser utilizado para melhorar os resultados de saúde nos países em desenvolvimento?". Saúde Global 2:9.2006.

[37] Vaishnavi, V. e Kuechler, W. "Design Research in Information Systems". 2004/5.

[38] Sciencing. "Slovin'sFormula SamplingTechniques " [Online]. Disponível:

http://sciencing.com/slovins-formula-sampling-techniques-5475547.html. 2017.

[39] Phellas CN, Bloch A, Seale C. "Métodos estruturados: entrevistas, questionários e observação. Researching Society and Culture London". SAGE Publications Ltd.181- 205.2011.

[40] Cavanagh MF. "Tornar visível o invisível: Serviço de referência da biblioteca pública como prática epistémica". 2009.

[41] Saunders, M., Lewis, P., e Thornhill, A. "Research Methods for Business Students". Prentice Hall". 2007.

[42] Denzin N. K. "A entrevista reflexiva e uma ciência social performativa". *Qualitative Research, 1*, 23 - 46. 2001.

[43] Dicionário de Negócios. "MicrosoftExcel ". [Online]. Disponível:

http://www.businessdictionary.com/definition/Microsoft-Excel.html. 2017.

[44] Techterms. "WAMPdefinition".[Online].Disponível.https://techterms.com/definition/wamp. 2017.

[45] Wpbeginner. Whatisapache". [Online]. Disponível.

http://www.wpbeginner.com/glossary/apache/ MySQL. 2017.

[46] MySQL. "O que é o MySQL". [Online]. Disponível.

https://dev.mysql.com/doc/refman/5.7/en/what-is-mysql.html. 2017.

[47] Farkas, M.G. "Social Software in Libraries": Building Collaboration, Communication, and Community Online, Information Today, Medford, NJ". [Online]. Disponível em http://www.informationr.net/ir/reviews/revs272.html). Acesso em 24 de Julho, 2014.

[48] Hurt, N. E., Moss, G. S., Bradley, C. L., Larson, L. R., Lovelace, M. D., Prevost, L. B., Camus, M. S. 2012. O efeito 'Facebook': A percepção dos estudantes universitários das discussões em linha na era das redes sociais. International Journal for the Scholarship of Teaching and Learning .6(2),1-24.Disponível em:(http://academic.geogiasouthern.edu/ ijsoltl/v6n2.html).Acesso em 22 set,2013.

[49] Kimberly, B .,Charles, A, B ., Nicole, A, C ., Sittie ,N, D ., Gemeile, A ,L Abril, ikka, U,T. "Os sítios de redes sociais afectam negativamente o desempenho académico" [Online]. Disponível. http://www.scribd.com/doc/28919575/SOCIAL-NETWORKING-SITES-, 2009. Acesso em 18 de Janeiro de 2013.

[50] Sharma, R. "Fundamentals of Educational Research, Mcerut": Inter Publishing House" .2000.

[51] Aken, J. E. "Management research based on the paradigm of the design sciences: the quest for field-tested and grounded technological rules" Journal of management studies, Vol. 41, No. 2, pp. 219-246. 2004.

[52] A. R. Hevner, S. T. March, J. Park, e S. Ram. "Design science in information Systems research" , MIS Quarterly vol. 28, p. 32. 2004.

[53] Lewis, Seth C. "Where Young Adults Intend to Get News in Five Years". Jornal de Pesquisa de Jornais, 29(4),3652. [Online]. Availabe. www.academia.edu/170825/Where_Y oung_Adults_Intend_to_Get_News_in_Five_Years). Acedido em: 1 de Setembro, 2013.

[54] Kirschner, P. e Karpinski, A. "Facebook e desempenho académico". Computers in Human Behavior", 26,1239-1245. 2010.

[55] Saba, M. e Tatang, T. "Effects of social networking sites on the academic performance of students in college of Applied Science,Nizwa,Oman". Revista internacional de artes e comércio, (2) 1. 2013.

[56] *Universidade de Washington* "Information Retrieval and Extraction". [Online]. Availab le. http://nlg3.csie.ntu.edu.tw/courses/IR/2008midtermSolutions.htm. [Acesso: 28-Mar- 2012].

[57] Hrastinski, S. "Uma teoria da aprendizagem em linha como participação em linha". Computadores & Educação". 52, 78-82. doi:10.1016/j.compedu.2008.06.009. 2009.

[58] Yirga Yayeh, "The Impact of Social Media's on Technology Students in Assosa University,

Ethiopia", The International Journal Research Publication's Research Journal of Science & IT Management, Vol 04, P 16-20. Setembro de 2015.

[59] Grupo de Tecnologia Humana Avançada. "Social Media Strategy Framework". [Online]. Disponível: http://ahtgroup.com/services/social-media-strategies/. 2015.

[60] Dr.Y. Singh, A. S. Chauhan "Neural Networks in Data Mining" Journal of Theoretical and Applied Information Technology,Vol. 11, No. 1, 2015.

[61] A. Lahsasna, R. N. Ainon e Y. W. Teh, "Credit Scoring Models Using Soft Computing Methods": Um inquérito". Int.Arab J.Inf.Technol., vol. 7, pp. 115-123, 2010.

[62] Tamirat kore "a utilização pelos estudantes de sítios de redes sociais e as suas percepções sobre os efeitos da utilização: o caso das escolas preparatórias adama seleccionadas", Outubro de 2014.

[63] Helen N. Eke Miss, et al "The Use of Social Networking Sites among the Undergraduate Students of University of Nigeria, Nsukka", Library Philosophy and Practice (e-journal), 2014.

[64] Gabinete de Investigação e Acreditação da LCCB. "The Sampling Formula n = N/1+Ne2". [Online]. Disponível: http://lcc.edu.ph/RAO/?p=5146. 2012.

[65] Simon, Herbert Alexander, "The sciences of the artificial" / Herbert A. Simon.3rd ed. p. cm. 1916 ISBN 0-262-19374-4 (papel alk.).ISBN 0-262-69191-4 (pbk.: papel alk.).

[66] E. Capim verde. "Information Retrieval": Um inquérito,! *Information Retrieval"*. vol. 163, no. Novembro, pp. 141-163, 2000.

APÊNDICE A: QUESTIONÁRIOS

Questionário para estudantes

Universidade de Mekelle

Instituto Etíope de Tecnologia-Mekelle (E-ITM)

Escola Superior de Informática

Departamento de Informática

Todas as informações fornecidas serão tratadas como estritamente confidenciais e apenas para fins académicos.

Por favor, coloque a marca "-/" em frente da pergunta especificada abaixo

I.   Informação de base

Q1. Nome da sua Universidade/Instituição/ Faculdade

-       Universidade Mekelle I I

-       Faculdade de Tecnologia da Informação Microlink_|||| Microlink   Information   Technology College

-       Colégio Universitário Sheba I I

-       Colégio Universitário do Milénio I I

Q2. O seu Género: Macho I I Fêmea I

Q3. Grupo etário < 18 I I I 18-20 I I I 21-25 I I I acima de 26 I I I

Q4. Tipo de Pós-Graduação (Mestrado) I I Sub-Graduação (Licenciatura) I I Diploma I I

Q5. Nível do ano de aulas:

1st Ano ___________ I I 2Nd Ano_____ ||| 3Rd Ano I I 4Th Ano ___________ I I 5Th Ano I I I 6Th I I I

II.   Questionário relacionado com sítios de redes sociais

Por favor, faça um círculo à frente da pergunta especificada abaixo

Q 6. Quais os sítios de redes sociais que mais visita? Por favor, faça um círculo à volta da sua resposta

A. Facebook B. Twitter C. Instagram D. YouTube E. Google+

F. Outros___________________

Q7. Que tipo de informação partilha habitualmente? Por favor, faça um círculo à volta da sua resposta

A. Entretenimento B. Educação C. Profissional D. Género tipo E. Qualquer outro

Se seleccionar qualquer outro, por favor especifique

Q8. Como se utilizam os sítios de redes sociais na maioria dos casos? Por favor, faça um círculo à volta da sua resposta

A. Enquanto decorre a palestraB . durante as   horas de folgaC . Enquanto se estuda

D. Ao fazer uma tarefaE   . A qualquer momento, o desejo

Q9. Há quanto tempo usa SMS?

Quanto tempo utilizam os Sites de Redes Sociais para uso educativo em média por dia?

Menos de um ano

1 ano

2-3 anos

Mais de 3 anos

Q10. Quanto tempo utilizam os Sites de Redes Sociais para uso educativo, em média, por dia?

Por favor, coloque a marca "-/" em frente da pergunta especificada abaixo

Quanto tempo utilizam os Sites de Redes Sociais para uso educativo em média por dia?

< 1 Hora

1-2 Horas

3-4 Horas

>5 horas

Mais do que dias

Q11. Durante quanto tempo utiliza os sítios de redes sociais para uso não educativo, em média, por dia?

Por favor, coloque a marca "/" em frente da pergunta especificada abaixo

Quanto tempo usa os Sites de Redes Sociais para uso educativo em média por dia

< 1 Hora

1-2 Horas

3-4 Horas

>5 horas

Não o utilizo para fins educativos

Q12. Porque é que na maioria dos casos se utilizam sites de comunicação social? Por favor, faça um círculo à volta da sua resposta

A. Para se manter em contacto com as pessoas

B. Ao tempo de ausência

C. Para fazer comentários sobre os artigos publicados

D. Para resolver problemas sociais

E. Para descarregar/transferir música e vídeo/texto

F. Para a criatividade, concepção e implementação

P13.Por favor coloque uma marca *(S)* na frente dos seguintes itens para mostrar o seu nível de concordância que é sobre o seu sentimento para com as palavras a experiência dos estudantes em sites de mídia social?

Efeito negativo sites de mídia social	Fortemente Concorda	Concorda	Indiferente	Discordar	Discordar fortemente
Hora de matar					
Reduzido no desempenho académico					
Efeito positivo dos sítios de redes sociais					
Acesso a materiais educativos, pessoas instruídas e institutos educacionais					

Q14. Como é que a utilização de sítios de redes sociais afecta o desempenho académico dos estudantes em geral? Por favor, coloque a marca "/" em frente do espaço de perguntas.

Como é que a utilização de sítios de redes sociais afecta o desempenho académico dos estudantes em geral
Positivamente

Negativamente

Não tem qualquer efeito

Q15. Os Sites de Redes Sociais podem ser utilizados como ferramenta para a educação?

Concorda

Discordar

Q16. Pensa que os Sites de Redes Sociais podem ser utilizados como ferramenta para a educação? Por favor, coloque a marca "/" em frente da pergunta especificada abaixo

Os Sites de Redes Sociais podem ser utilizados como ferramenta para a educação?

"Sim

Não

Q17. O que espera dos professores, que façam dos meios de comunicação social uma ferramenta para a aprendizagem educativa?

APÊNDICE B: Perguntas de Amostra de Entrevista Encaminhadas

1.   Como podemos fazer com que a consciencialização se desenvolva sem sobressaltos para fazer do SMS uma ferramenta para a aprendizagem educativa?

2.   O que pensa que os estudantes da instituição superior Mekelle usam os Sites de Meios de Comunicação Social?

3.   O uso de SMS ajuda ou prejudica o desempenho académico dos alunos?

4.   Acha que o SMS pode ser utilizado como uma ferramenta para a aprendizagem educacional?

5.   Existem planos para que os Sites de Meios de Comunicação Social sejam utilizados como ferramenta para a Educação?

6.   O que se espera de si para fazer dos sítios de redes sociais uma ferramenta educacional?

APÊNDICE C: Lista de verificação das observações

Itens a serem verificados	Instituto	Presente	Ausente
Presença ou ausência de SMS oficiais conta de Instituições	Universidade de Mekelle		
	Microlink IT College		
	Universidade de Sheba		
	Colégio		
	Novo Milénio		
	Colégio Universitário		
Presença ou ausência da comissão que monitorizar a utilização de SMS de estudante	Universidade de Mekelle		
	Microlink IT College		
	Universidade de Sheba		
	Colégio		
	Novo Milénio		
	Colégio Universitário		
Presença ou ausência de acesso à Internet	Universidade de Mekelle		
	Microlink IT College		
	Universidade de Sheba		
	Colégio		
	Novo Milénio		
	Colégio Universitário		

APÊNDICE D: Códigos utilizados para desenvolver a proposta de protótipo do SMS

Interface de registo e o login

```html
<html>
<head>

  <title>Registration</title>
  <script type="text/javascript" src="/Mekelle
Media/media/system/js/mootools.js"></script>
  <script type="text/javascript" src="/Mekelle
Media/media/system/js/validate.js"></script>


<link rel="stylesheet" href="/Mekelle Media /system/css/system.css"
type="text/css" />
<link rel="stylesheet" href="/Mekelle Media/system/css/general.css"
type="text/css" />
<link rel="stylesheet" href="/Mekelle Media/rhuk_milkyway/css/template.css"
type="text/css" />
<link rel="stylesheet" href="/Mekelle Media/rhuk_milkyway/css/black.css"
type="text/css" />
<link rel="stylesheet" href="/Mekelle Media/rhuk_milkyway/css/black_bg.css"
type="text/css" />
<!--[if lte IE 6]>
<link href="/Mekelle Media/templates/rhuk_milkyway/css/ieonly.css"
rel="stylesheet" type="text/css" />
<![endif]-->

</head>
<body id="page_bg" class="color_black bg_black width_fmax">
<a name="up" id="up"></a>
<div class="center" align="center">
 <div id="wrapper">
  <div id="wrapper_r">
   <div id="header">
     <div id="header_l">
      <div id="header_r">
        <div id="logo"></div>
        </div>
        </div>
        </div>

        <div id="tabarea">
        <div id="tabarea_l">
        <div id="tabarea_r">
        <div id="tabmenu">
        <table cellpadding="0" cellspacing="0" class="pill">
        <tr>
        <td class="pill_l"> </td>
        <td class="pill_m">
        <div id="pillmenu">
        <ul class="menu" />
        </div>
        </td>
```

```html
        <td class="pill_r"> </td>
        </tr>
        </table>
        </div>
        </div>
        </div>
        </div>

        <div id="search">

        </div>

        <div id="pathway">

        </div>

        <div class="clr"></div>

        <div id="whitebox">
        <div id="whitebox_t">
        <div id="whitebox_tl">
        <div id="whitebox_tr"></div>
        </div>
        </div>

        <div id="whitebox_m">
        <div id="area">


        <div id="leftcolumn">

        <div class="module">
        <div>
        <div>
        <div>

        <h3>Search</h3>

        <form action="index.php" method="post">
        <div class="search">
                <br /><input name="searchword" id="mod_search_searchword"
maxlength="20" alt="Search" class="inputbox" type="text" size="20"
value="search..."  onblur="if(this.value=='') this.value='search...';"
onfocus="if(this.value=='search...') this.value='';" />        </div>
        <input type="hidden" name="task"   value="search" />
        <input type="hidden" name="option" value="com_search" />
        <input type="hidden" name="Itemid" value="0" />
</form>        </div>
</div>
</div>
</div>
</div>
<div id="maincolumn">


<table class="nopad">
<tr valign="top">
```

```html
<td>

        <script type="text/javascript">
<!--
        Window.onDomReady(function(){
                document.formvalidator.setHandler('passverify', function
(value) { return ($('password').value == value); }     );
        });
// -->
</script>

<form action="/Mekelle%20Media/index.php?option=com_user" method="post"
id="josForm" name="josForm" class="form-validate">

<div class="componentheading">Registration</div>

<table cellpadding="0" cellspacing="0" border="0" width="100%"
class="contentpane">
<tr>
        <td width="30%" height="40">
                <label id="namemsg" for="name">
                        Name:
                </label>
        </td>
        <td>
        <input type="text" name="name" id="name" size="40" value=""
class="inputbox required" maxlength="50" /> *
        </td>
</tr>
<tr>
        <td height="40">
                <label id="usernamemsg" for="username">
                        Username:
                </label>
        </td>
        <td>
                <input type="text" id="username" name="username" size="40"
value="" class="inputbox required validate-username" maxlength="25" /> *
        </td>
</tr>
<tr>
        <td height="40">
                <label id="emailmsg" for="email">
                        E-mail:
                </label>
        </td>
        <td>
                <input type="text" id="email" name="email" size="40" value=""
class="inputbox required validate-email" maxlength="100" /> *
        </td>
</tr>
<tr>
        <td height="40">
                <label id="pwmsg" for="password">
                        Password:
                </label>
        </td>
</td>
```

```html
        <td>
 <input class="inputbox required validate-password" type="password"
id="password" name="password" size="40" value="" /> *
        </td>
</tr>
<tr>
        <td height="40">
                <label id="pw2msg" for="password2">
                        Verify Password:
                </label>
        </td>
        <td>
                <input class="inputbox required validate-passverify"
type="password" id="password2" name="password2" size="40" value="" /> *
        </td>
</tr>
<tr>
        <td colspan="2" height="40">
                Fields marked with an asterisk (*) are required.      </td>
</tr>
</table>
        <button class="button validate" type="submit">Register</button>
        <input type="hidden" name="task" value="register_save" />
        <input type="hidden" name="id" value="0" />
        <input type="hidden" name="gid" value="0" />
        <input type="hidden" name="a68e1d84dbdf37fcb1b97aa342ae7ded"
value="1" /></form>
        </td>
        <td class="greyline"> </td>

        <td width="170">

                        <div class="moduletable">
                                <h3>Log in</h3>
                                <form
action="/Mekelle%20Media/index.php?option=com_user" method="post"
name="login" id="form-login" >
                <fieldset class="input">
        <p id="form-login-username">
                <label for="modlgn_username">Username</label><br />
                <input id="modlgn_username" type="text" name="username"
class="inputbox" alt="username" size="18" />
        </p>
        <p id="form-login-password">
                <label for="modlgn_passwd">Password</label><br />
                <input id="modlgn_passwd" type="password" name="passwd"
class="inputbox" size="18" alt="password" />
        </p>
                <p id="form-login-remember">
                <label for="modlgn_remember">Remember Me</label>
                <input id="modlgn_remember" type="checkbox" name="remember"
class="inputbox" value="yes" alt="Remember Me" />
        </p>
                <input type="submit" name="Submit" class="button"
value="Login" />
        </fieldset>
        <ul>
```

```html
				<li>
						<a
href="/Mekelle%20Media/index.php?option=com_user&amp;view=reset">
						Forgot your password?</a>
					</li>
					<li>
						<a
href="/Mekelle%20Media/index.php?option=com_user&amp;view=remind">
						Forgot your username?</a>
					</li>
							<li>
						<a
href="/Mekelle%20Media/index.php?option=com_user&amp;view=register">
							Create an account</a>
					</li>
						</ul>

		<input type="hidden" name="option" value="com_user" />
		<input type="hidden" name="task" value="login" />
		<input type="hidden" name="return"
value="L01la2VsbGUgTWVkaWEvaW5kZXgucGhwP29wdGlvbj1jb21fdXNlciZ2aWV3PXJlZ2lzdG
Vy" />
		<input type="hidden" name="a68e1d84dbdf37fcb1b97aa342ae7ded"
value="1" /></form>
				</div>

				</td>
		</tr>
		</table>
		</div>
		<div class="clr"></div>
		</div>
		<div class="clr"></div>
		</div>
		<div id="whitebox_b">
		<div id="whitebox_bl">
			<div id="whitebox_br"></div>
		</div>
		</div>
		</div>
		<div id="footerspacer"></div>
		</div>
		<div id="footer">
		<div id="footer_l">
		<div id="footer_r">
		<p id="syndicate">

</p>
</p>
</div>
</div>
</div>
</div>
</div>
</body>
</html>
```

Printed by Books on Demand GmbH, Norderstedt / Germany